LUIZ ANTONIO CAMPOS DE BARROS BARRETO

(lacbarrosbarreto@gmail.com)

FINANÇA$ SEM CRISE:
UMA HISTÓRIA DE 'GÊNIOS' E 'IDIOTAS'

1ª edição

Rio de Janeiro

2017

Sumário

1- Por que existe Finanças? A crise nossa de cada dia   5
- Os porquês do título
- Crise: ambiente complexo associado a recursos limitados gerando futuro incerto
- O que Finanças é e não é
- Um tour por Finanças

2- Onde e como tudo começou? As primeiras crises   20
- No começo era o caos
- Vamos jogar?
- Inteligência coletiva
- Organizando as crises
- O nascimento do juro
- Em suma

3- Quem está no comando? A crise é sua   55
- Ao buscar o controle, assumimos o comando
- Na sequência de Fibonacci
- Os 'banqueiros de Deus'
- O código de Pacioli
- O ovo de Colombo
- Piratas a vista
- Em suma

4- Qual é o valor no tempo? A crise é agora   106
- O valor está no futuro

- Quem não quer ser um milionário?
- Enquanto a maçã cai, a bolha sobe
- O empreendedor misterioso
- Família que enriquece unida permanece unida
- A matemática também pode ser financeira
- Em suma

5- Qual é o risco? O impacto da crise   **150**
- Enfrentando o risco
- Quantos ovos, em quais cestas?
- Mantendo as opções abertas
- Quando os gênios faliram
- Desafiando os Deuses
- A fórmula da fortuna
- Em suma

6- Qual é sua percepção de valor? As crises existenciais   **195**
- A cavalgada financeira
- O mau comportamento financeiro
- Homo complexus
- Macacos me mordam
- Sentindo o risco na pele
- O que você está pensando?
- Em suma

7- O que podemos fazer? Conhecimento sem crise   **228**
- Da eficiência à resiliência financeira
- Limites e expansões da racionalidade
- Os quatro tons de cinza

- Crise e resiliência
- Uma jornada financeira infinita a ser explorada
- Em suma

'Débitos' e 'Créditos'   **274**

1. Por que existe Finanças? A crise nossa de cada dia

Os porquês do título

Levando-se em consideração que vários leitores compram um livro baseado no título, é, antes de tudo, devida uma explicação para a sua escolha e de sua relação com o conteúdo.

As palavras 'Finanças' e 'crise' estão associadas de muitas maneiras.

Para alguns somente o fato de pensar sobre Finanças já gera uma crise pessoal. Pode-se chegar ao extremo da aversão e se sentir até mesmo alérgico a qualquer assunto que faça menção à disciplina de Finanças. Ela seria algo extremamente contrária à natureza, domínio apenas dos iniciados de uma seita misteriosa, que controlam, para o bem ou para o mal, um conhecimento suspeito e dolorosamente inacessível. Para esses, Finanças, por definição, é crise.

Já outro grupo grande vê Finanças como um mal necessário, mas como algo extremamente chato. A crise, nesse caso, vem dessa chatice e da desmotivação.

Uma terceira corrente associa Finanças somente a aspectos negativos. As afirmações de 'não pode', 'não dá', 'não cabe no orçamento' resumiriam essa visão. O propósito limitador de Finanças seria a fonte de crises e de frustrações psicológicas.

Independentemente a qual grupo nos identifiquemos, é consenso geral, no entanto, que crises financeiras, de alguma forma e intensidade, irão abalar a todos nós mais cedo ou mais tarde.

Embora lidemos com aspectos financeiros diariamente não somos intuitivamente bons nisso, e sempre acabamos nos arrependendo de decisões financeiras que originalmente pareciam profundas e infalíveis.

Infelizmente o comportamento usual é reativo: buscar salvar o que for possível, após o 'leite derramado'. Crises financeiras têm uma forma curiosa de fazer reformas radicais parecerem razoáveis. Sabemos, todavia, que aprendizado obtido só através de traumas financeiros não é eficaz.

A complexidade do linguajar financeiro não precisa ser uma barreira.

O que Cristóvão Colombo, Isaac Newton, ganhadores do prêmio Nobel de Economia, a ordem dos Templários e piratas do Caribe têm em comum como você? Seriam eles gênios ou idiotas financeiros?

A proposta de FINANÇAS, SEM CRI$E: uma História de 'Gênios' e 'Idiotas' é a de apresentar os conceitos financeiros proativamente de uma maneira indolor, através de histórias reais. Tendo a narrativa dessas histórias como pano de fundo, discutir sucessos e fracassos, teorias e práticas, enfatizando conceitos financeiros relevantes para o dia-a-dia. 'Gênios financeiros' serão apresentados e demonstraremos que, em se tratando de crise, mesmo os ganhadores de prêmio Nobel são, em sua essência, financeiramente tão inteligentes quanto você e eu. Crises são intelectualmente democráticas. Dentro dessa perspectiva, a premissa básica do livro é a de que em se tratando de Finanças será sempre mais fácil e produtivo se eliminar a estupidez óbvia do que se alcançar o brilhantismo. Portanto, não devemos nunca delegar para um terceiro o seu entendimento básico.

Se por um lado a idéia é tirar a mística do guru, e sua proposta de botox financeiro, de apelo puramente cosmético, por outro é estimular o auto-desenvolvimento, realçando as implicações que isso pode trazer, pessoal e profissionalmente. Com esse intuito, as teorias matematicamente sofisticadas serão apresentadas numa estrutura simplificada e visual, buscando preservar sua essência, mas deixando as complexidades para os especialistas. Veremos que Finanças é a única máquina do tempo de que dispomos, nos permitindo formalizar avaliações e compromissos agora que poderão ser interpretadas sem ambiguidade no futuro, e que enquanto sucessos financeiros são mantidos em segredo desastres alcançam rapidamente a primeira página.

Ao responder perguntas genéricas realçaremos ao longo do processo os conceitos relevantes para o aprendizado individual. O objetivo é o de que se chegue ao final com outra visão de Finanças, bem mais positiva e sem mistérios, e com entendimento suficiente para se construir uma independência de julgamento, abrindo a possibilidade de aprofundamento nos aspectos que mais dizem respeito à situação específica de cada um. O ideal buscado é o da fluência conceitual financeira, desenvolvendo a capacidade de se enfrentar a essência dos problemas financeiros, reconhecendo sua dificuldade, mas sem trauma e sem crise.

Estaremos utilizando 'Finanças' no singular sobre o prisma da disciplina de Finanças.

Crise: ambiente complexo associado a recursos limitados gerando um futuro incerto

Vivemos em um mundo cada vez mais complexo, onde os recursos à nossa disposição são limitados, e, consequentemente, a incerteza impera. Decisões, no entanto, têm que ser tomadas continuamente.

Nossa primeira experiência ao nascer já é o do choque da complexidade associado à limitação imposta ao nosso desejo e chegamos chorando, em plena crise.

De cara temos que começar a lidar com a incerteza que nos cerca e aprender que decisões precisam ser tomadas nesse ambiente de restrições e complexidade.

Por mais diferente que possamos ser todos temos um aparente objetivo contínuo em comum: ter acuracidade nas nossas previsões, que suportam nossas decisões, de maneira a podermos nos beneficiar sempre delas, e alcançar nossos objetivos. Com essa intenção buscamos freneticamente identificar relacionamentos de causas e efeitos, sejam eles cotidianos, científicos ou religiosos. Queremos ser vencedores, admirados, conquistadores que tudo sabem, estando sempre certos e sendo naturalmente obedecidos. No entanto, dois fatores constantemente incomodam esse nosso lado dominador:

- ✓ Complexidade: muitas vezes a relação de causa e efeito, mesmo que exista, é complexa, não linear e múltipla, tornando muito difícil sua identificação.

- ✓ Limitação: mesmo que saibamos qual é a relação causa/efeito, existem limitações de recursos (tempo, dinheiro, saúde, capacidade, concorrência ...) que podem não nos permitir explorar completamente esse conhecimento.

Podemos dizer que, de certa maneira, vivemos em constante ansiedade em relação ao futuro e em razoável ambiguidade quanto ao presente: conseqüentemente, a um passo de uma crise. Excesso de complexidade gera crise de confiança, limitação demais crise de escassez, que compostos produzem incerteza e crise de insegurança.

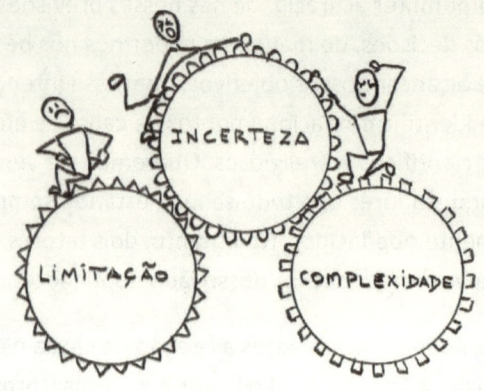

Todavia, sempre vivemos, sobrevivemos e progredimos sob incerteza, cercados de complexidade e respeitando limites; somente o grau de cada um desses fatores, e sua interação, é que muda ao longo dos anos, conforme o momento ou a circunstância. Crises vêm e vão e sobrevivemos, aprendemos, e evoluímos.

Para se conseguir navegar por essas gradações e interações sem cairmos no excesso, algum tipo de ordem tem que ser imposta, e não existe ordem gratuita. Para que a ordem se estabeleça energia tem que ser gasta. A geração de algum tipo de estabilidade, mesmo que temporária, requer lógica na aplicação dos esforços e recursos empregados.

Limitações estão associadas à impossibilidade, ao sacrifício, ao corte e ao abandono, mas o seu surgimento também estimula o foco, a criatividade, a inventividade, desafiando critérios até então adotados. Financeiramente elas têm sido enfrentadas, com o necessário passo inicial de reconhecimento de que elas existem; com o acúmulo de recursos ao longo do tempo; com a busca do desenvolvimento de novas capacidades e talentos; ou pela exploração de complementaridade na comunidade, através de financiamento, negociação e troca, onde a soma se torna maior do que as partes isoladas.

Complexidades geram dificuldade de entendimento e ansiedade pelo desconhecimento, mas, uma vez contornadas, trazem a chance de diferenciação e de exclusividade, com seu respectivo prêmio em valor. Elas têm sido administradas através de foco concentrado no que se quer realizar; com a expansão do conhecimento necessário através do aprendizado; com a especialização e divisão do trabalho; com o processo de simplificação e modelagem que permite um entendimento de conceitos básicos; com a idealização da situação, levando ao desenvolvimento de uma teoria-modelo, testável; pelo método da tentativa e erro e com a soma de esforços individuais, que compostos, se reforçam; com o mercado.

Da interação da complexidade com a limitação surgem as incertezas que estão relacionadas ao medo da dúvida, com a preocupação pela falta de controle, com a exposição ao risco, mas também trazendo em si a excitação da oportunidade ainda não visualizada e da expectativa da realização de resultados favoráveis. Sob o prisma financeiro, seus aspectos negativos têm sido minimizados com a montagem de estruturas flexíveis, ágeis, que aprendam e evoluam, usando o histórico falível de forma inteligente e econômica; com o reconhecimento de que modelos têm suas inconsistências; com o desenvolvimento de protótipos testáveis; apoiando–se no auxílio e nas perspectivas de outros; buscando segurança e troca; e aprendendo com muitos pequenos erros inconsequentes e diversificados, de forma a evitar erros catastróficos.

Crises, apesar de sua conotação negativa, também geram motivação para mudança, estimulando inovações, renovações, transformações e evoluções.

O importante é que o resultado final de nosso esforço conjunto sempre é maior que a soma dos resultados individuais isolados. Interagimos, dividimos esforços, melhor distribuímos capacidades, criando interdependências que se prolongam e se ampliam ao longo do tempo.

Para viabilizarmos essas estratégias necessitamos de um idioma comum, que possibilite uma comunicação direta e padronizada, desenvolvendo avaliações explicáveis, negociáveis, transferíveis entre indivíduos e ao longo do tempo, que estimulem a confiança mútua, que delineiem fronteiras de benefícios e riscos de forma pragmática e compreensível.

O posicionamento financeiro sempre será o de uma aposta, pois a incerteza, fruto da complexidade, e da limitação de recursos, está, em certo grau, presente, mas essa aposta deixa de representar um compromisso individual, sendo o risco dividido ou distribuído e a gama de possibilidades expandida, aumentando as chances de sucesso, ou de sobrevivência em caso de fracasso.

O foco de Finanças se concentra, em última instância, na identificação e compreensão de 'valor' e 'incerteza', na alocação de recursos limitados no tempo.

O que Finanças é e não é

Finanças não é uma ideologia, no sentido político do termo, como usualmente é associada. A visão financista, como sinônimo de capitalismo selvagem, onde tudo se resume ao dinheiro, onde sonhos são destruídos pelo autoritarismo do não, distorce e atrapalha, fazendo com que muitos se afastem e não possam usufruir dos benefícios do conhecimento de Finanças.

Ao contrário do que popularmente se dissemina, a disciplina de Finanças surgiu para nos ajudar a lidar com as difíceis decisões que somos obrigados a tomar diariamente. Se recursos fossem ilimitados, facilmente transferíveis no tempo, e previsíveis não existiria Finanças.

Algumas vezes a disciplina de Finanças também é confundida com Economia. Embora em termos práticos a disciplina de Finanças seja bem mais antiga, a origem teórica é a mesma e por um bom tempo os dois campos se misturaram, tendo muitas de suas bases em comum. Apesar da Fundação Nobel distribuir anualmente premiação para a disciplina de Economia, alguns dos premiados, como veremos, realmente desenvolveram seus trabalhos na área financeira. Hoje Finanças não possui a conotação política e a perspectiva nacional, agregada, nem a busca da identificação de fatores que determinam produção, distribuição e consumo, foco do estudo da Economia. Embora ainda existam sobreposições e conceitos em comum, o estudo de Finanças é mais básico, modesto e essencial, menos ideológico, político e polêmico. Finanças se preocupa com a alocação de recursos limitados, ao longo do tempo, enquanto o estudo da economia busca entender e influenciar a distribuição de riqueza na sociedade, algo bem mais ambicioso e complexo. Finanças é muito mais individual, mais próxima, mais imediata. Tem uma aplicação diária e constante, tanto sob a perspectiva pessoal como a profissional. Nesse aspecto, os princípios de administração financeira aplicados às empresas são fundamentalmente os mesmos que devem ser aplicados no âmbito pessoal, embora a magnitude e as prioridades possam ser diferentes.

Finanças pode ser considerada um idioma lógico que torna explícita e consistente a percepção que cada um tem de valor e de risco, facilitando as negociações e a tomada de decisões de alocação de recursos. Esse idioma permite que o grau de confiança aumente entre indivíduos, servindo como veículo de comunicação, viabilizando mercados e minimizando conflitos.

Através do idioma financeiro é possível se modelar, de forma consistente, a percepção do tamanho dos recursos existentes, sua distribuição no tempo, o impacto de seu rearranjo ou combinação, a expectativa de incerteza e seus potenciais custos e benefícios. Recursos, aqui colocado no sentido mais amplo, assim como a matéria, se apresenta nas fases sólida, líquida e gasosa. Metaforicamente, recursos também existem na forma sólida, como por exemplo em imóveis e veículos, na forma líquida, como dinheiro na carteira e código digital no banco, e na forma gasosa, como capacidade de trabalho e rede de relacionamento. Unindo todas essas transições de fases dos recursos encontramos a disciplina de Finanças, com suas análises de saldos e fluxos.

O idioma financeiro permite a montagem de contratos entre indivíduos de forma imparcial, que reflitam compromissos claramente comunicados e assumidos. Ele abre um leque de mecanismos que possibilitam lidar com expectativas ainda não realizadas de valores e riscos, estimulando o desenvolvimento de organizações e de mercados onde essas percepções de valores e riscos possam ser explicitados, formalizados, confirmados, comparados, e trocados, independentemente de filiações a correntes políticas, religiosas ou econômicas. Como indivíduos envolvidos em transações, em contratos e nos mercados, na maioria das vezes possuem objetivos e percepções diferentes, quanto mais claras, transparentes e consistentes forem comunicadas as visões e os modelos melhores serão as chances de se obter o desejado. Quando não se sabe o que se quer, quando não se consegue comunicar o que se deseja, fica muito mais difícil de consegui-lo. Finanças existe, portanto, para ajudar nesse processo. Tendo a matemática como base, ela torna significado em valor, assim como valor de volta em significado. Ela busca tratar o valor no contexto de limitações, complexidades e incertezas de forma consistente, traduzindo as dificuldades numa linguagem lógica e tratável. Se a precisão não é possível, a imprecisão deve ser exposta para avaliação, acompanhamento e aprendizado.

A vantagem de Finanças como disciplina científica é a de que existem laboratórios universais abertos para todos, independente de formação ou status, vinte e quatro horas todos os dias, onde todos participam voluntariamente e com interesse e motivação pessoal, com as mais diversas intensidades e magnitudes, em constante interação e experimentação, num processo seletivo contínuo. É matemática aplicada de forma maciça, num ambiente intelectualmente democrático, onde professores e alunos se confundem.

Modelos e teorias podem ser testadas imediatamente e, dependendo do resultado obtido e do grau de controle e de maestria que eles inspiram, rapidamente perdem a característica de teoria ou se transformando em prática ou evoluindo para novas teorias num processo adaptativo, dinâmico, constante.

Para que possamos reduzir o impacto das crises precisamos de mais Finanças, ao invés de menos. Mais conhecimento sobre os fundamentos de Finanças e menos complexidade, de maneira a democratizar esse conhecimento. Ao invés de confiança cega ou desconfiança total temos que desenvolver uma confiança educada e responsável, evitando assim o sobe e desce da montanha russa das crises.

Um tour por Finanças

Nos próximos capítulos vamos discutir sobre sucessos e fracassos financeiros ao longo da história. Contudo é bom alertar de antemão que esse livro não traz a tão desejada fórmula do que se fazer para ficar rico rapidamente, sem se assumir risco. Não faz isso por dois motivos lógicos e simples:

1º) Se essa fórmula existisse quem a possuísse não a passaria adiante.

2º) Caso essa fórmula existisse e seu proprietário resolvesse torná-la pública, desprezando o primeiro motivo, ao ser divulgada ela deixaria de ser eficaz, pois um mundo onde todos seriam milionários instantâneos é uma impossibilidade.

Isso não quer dizer, de maneira alguma, que não se possa enriquecer do dia para a noite. Como veremos, os exemplos através da história financeira mostraram que existe um preço a ser pago nessas tentativas.

Por outro lado o livro também não tem por objetivo ser um manual de regras básicas de como se proceder passo a passo, já que cada leitor seguramente terá dúvidas próprias e estará vivendo situações particulares, em circunstâncias individuais.

Nosso foco se concentrará na aplicação de uma abordagem mais genérica, fundamentada em conceitos, e aplicável tanto a situações pessoais quanto profissionais. Finanças é, acima de tudo, bom senso. Tem muito de sabedoria convencional, de óbvio. Portanto, os princípios que serão apresentados não deverão surpreender. O que surpreenderá é o quão pouco esses conceitos são empregados de forma estruturada no dia-a-dia, apesar dos benefícios que eles trazem.

Ao longo da história é esperado que as grandes idéias passem da controvérsia a celebração, mas na realidade elas usualmente passam do menosprezo ao lugar comum. Alguém afirma que se pode usar um pedaço de papel como dinheiro: no primeiro momento é considerado louco, por estar dizendo algo novo, e no segundo simplório, por estar afirmando algo óbvio. Veremos que Finanças tem muito disso.

A grande tecnologia básica de Finanças é esse conceito de dinheiro, no formato de papel ou qualquer outro. Ele representa um padrão socialmente aceito, que não tem valor intrínseco, mas cujo valor vem apenas como meio de troca e reserva de valor. Veremos que valor real deve vir do empreendimento, do ato de se fazer algo, que adiciona conhecimento e assume risco na transação, e não da pura exploração do desconhecimento na intermediação. É necessário saber alocar o valor onde ele é devido, e, consequentemente, é necessário conhecer s conceitos financeiros básicos.

Levando-se em consideração todos esses aspectos, o desejo é o de que o livro sirva como um "tour" assistido pela história financeira, representando um guia básico que possibilite um posterior aperfeiçoamento, dependendo da demanda de cada um.

Como a gama de situações, características e necessidades financeiras é infinita caberá ao leitor aplicar esses conceitos aos seus próprios problemas, ajustados ao seu ambiente particular. O objetivo é o de que ao final do livro as regras do jogo financeiro fiquem mais claras, permitindo que cada um trabalhe na sua própria estratégia.

No próximo capítulo falaremos sobre os primórdios financeiros, com o aparecimento de suas primeiras ferramentas e de seus princípios fundamentais. Com o auxílio da Teoria dos Jogos trataremos da importância de Finanças para o estabelecimento da confiança e do comércio, e do impacto benéfico da inteligência coletiva.

No capítulo 3 'viajaremos' na companhia dos italianos Fibonacci, Pacioli e Colombo e acompanharemos o aparecimento da abordagem matemática, da simetria contábil e da necessidade de planejamento estratégico. Veremos também o que os piratas têm a nos ensinar.

Na sequência conheceremos alguns candidatos a gênios financeiros: investidores que deixaram suas marcas na história como John Law, Issac Newton, Richard Cantillon, os irmãos Rothschild, Irving Fisher e Roger

Babson. Cada um, à sua maneira, irá nos ajudar a entender sobre a arte de investir e valorizar.

No quinto capítulo exploraremos o desenvolvimento científico da teoria financeira e a questão fundamental do risco, com o auxílio de vários ganhadores do prêmio Nobel em Economia. O sucesso teórico dos modelos de CAPM e de Opções serão contrastados com o grande fracasso do fundo LTCM, e com a visão de administração de risco de Ed Thorp e Peter Bernstein.

Será colocado no sexto capítulo o grande desafio das inconsistências humanas identificadas pelo campo das Finanças Comportamentais, assim como toda a discussão de suas possíveis origens evolutivas e o caminho sendo desbravado pela Neurofinanças.

Terminaremos com um capítulo baseado nas teses de outro ganhador do prêmio Nobel, Herbert Simon, buscando definir os parâmetros estratégicos que precisamos para desenvolver nossos próprios modelos financeiros.

Ao final de cada capítulo vamos listar implicações práticas, buscando sumarizar os conceitos principais para uma melhor consolidação.

2. Onde tudo começou? As primeiras crises

No começo era o caos

Nosso início foi caótico. A guerra de todos contra todos. Na descrição famosa feita pelo filosofo Thomas Hobbes: a vida era solitária, pobre, sórdida, brutal, e curta. A individualidade imperava. A forma de alocação de recursos e de enfrentar a complexidade era baseada na violência.

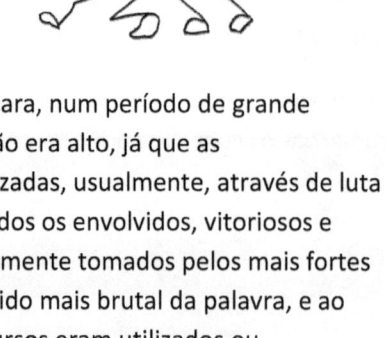

Ao sentir a necessidade e o desejo de algo era necessário tomá-lo à força, ou desenvolver uma capacidade nova e cara, num período de grande escassez e perigo. O custo de transação era alto, já que as redistribuições de recursos eram realizadas, usualmente, através de luta e guerra, com grandes perdas para todos os envolvidos, vitoriosos e derrotados. Os recursos eram simplesmente tomados pelos mais fortes através de pura violência, no seu sentido mais brutal da palavra, e ao fazê-lo boa parte desses próprios recursos eram utilizados ou desperdiçados. Mortes, escravidões, extorsões, explorações, parasitismos e grandes prejuízos eram comuns. A estratégia era predatória: pegar, pagando um custo alto, e não dar nada em troca.

O cenário só começou a mudar com o aparecimento de centros urbanos e com o estímulo ao comércio, criando, através da inteligência coletiva, o que passamos a chamar de civilização. Comércio, lubrificado por Finanças, foi o motor dessa prosperidade. Embora a lei do mais forte continuasse prevalecendo, graças à disciplina de Finanças a definição de mais forte tornou-se dinâmica, mutável, e socialmente benéfica. A mola propulsora dessa revolução aconteceu milênios antes de se inventar a escrita.

Devido a uma evolução tecnológica trazida pela necessidade de se manter arquivos perenes de transações comerciais, deu-se início à contabilização e ao desenvolvimento de inovações financeiras, cujos reflexos ainda sentimos hoje. Com essa evolução, os ganhos do comércio foram exponencializados, reduzindo substancialmente os custos de transação.

Ao contrário do que usualmente se assume, Finanças também surgiu como uma estratégia para a redução da violência e do comportamento tribal ao abrir o leque de possibilidades de se mitigar o natural antagonismo e desconfiança entre as pessoas. Como a base de todo conflito está no choque de interesses entre indivíduos e grupos, confiança e cooperação, propiciados pela transparência e padronização da linguagem financeira, são os ingredientes essenciais para se evitar crises. Cooperação, no entanto, sempre funciona melhor em pequenos grupos onde a reputação é uma questão de vida ou morte, onde sanções podem ser impostas de forma eficiente, e onde não existem estranhos. Em território novo, as sementes de uma crise estão sempre presentes.

Vamos jogar?

Um campo de estudo chamado de Teoria dos Jogos pode nos ajudar a entender melhor o processo de confiar e cooperar.

Essa teoria nasceu pelo desejo do herdeiro da cátedra de Einstein na Universidade de Princeton, nos Estados Unidos, considerado um dos pais do computador, o húngaro John von Neumann, em entender melhor a essência do jogo de pôquer. Entre os estudiosos da área estão dez ganhadores do prêmio Nobel em Economia, sendo o mais famosos deles John Nash, que se tornou uma celebridade ao ser interpretado por Russel Crowe no filme 'Uma Mente Brilhante', ganhador de quatro Oscars em 2002, incluindo o de melhor filme do ano.

A teoria aplica modelagem matemática na interação estratégica entre adversários racionais. Ela reconhece que não somos Robinson Crusoés, onde cada indivíduo fica isolado dos outros indivíduos em suas respectivas ilhas, mas que, ao contrário, interagimos e dessa interação coisas boas ou ruins podem vir à tona. Sob essa perspectiva, o processo de decisão financeira é um campo fértil para a aplicação da teoria.

Uma visão simplificada dessa vasta e complexa área pode ser obtida com o famoso Dilema do Prisioneiro.

Imagine o cenário de dois políticos suspeitos de corrupção sendo presos pela Polícia Federal. Os Federais não têm evidências suficientes para condená-los a pena máxima. Eles são colocados em salas separadas e, após terem garantidos o sigilo de cada depoimento, são apresentados às seguintes propostas de delação premiada:

1) Se você delatar o seu parceiro, e ele permanecer calado, você estará livre, enquanto ele receberá dez anos de prisão.

2) Se ambos ficarem calados, ambos ficarão em prisão domiciliar por seis meses.

3) Se você delatar o parceiro e ele delatar você, ambos ficarão presos por cinco anos.

Qual deveria ser a decisão de cada prisioneiro? Cooperação ou delação?

O dilema está no fato de que a escolha racional individual, também conhecida como Equilíbrio de Nash, onde se leva em conta na sua escolha a melhor alternativa para seu opositor, faria com que os dois se traíssem mutuamente, pois independente da decisão tomada pelo outro político a melhor opção, como pode ser vista no quadro acima, é sempre delatar: se o outro estiver delatando a melhor alternativa é delatar também, se o outro ficar calado ele pode sair livre. No entanto, fica claro que o resultado desejado pelos dois, como grupo, seria o de ambos ficarem calados, contando um com a cooperação do outro. Assim poderiam usufruir, sem risco, do dinheiro desviado e depositado na Suíça.

Uma forma de se escapar do dilema é simplesmente repetir o jogo, sem definição de término. Só assim o interesse individual tende a se mesclar com o interesse do grupo. Como em sociedade a interação entre indivíduos usualmente acontece de forma frequente e contínua, não somente uma vez como na formulação do dilema do prisioneiro, observa-se mais cooperação.

Na década de oitenta a Universidade de Michigan, nos Estados Unidos, propôs uma competição convidando especialistas do mundo todo para apresentar suas estratégias para jogar o dilema do prisioneiro de forma iterativa, por "n" rodadas; isto é: todos jogando contra todos durante um número específico de rodadas. Apesar da sofisticação da maioria das estratégias apresentadas a vitoriosa foi a mais simples de todas elas, chamada de "tit-for-tat", que traduzindo livremente seria algo como "toma-lá-dá-cá", dentro do conceito do olho por olho, dente por dente. Ela simplesmente dizia para cooperar (ficar calado) na primeira rodada, e a partir daí repetir exatamente o que o oponente fizesse. Inicialmente se estende a mão, em um ato de generosidade. Caso encontre reciprocidade continua-se a estender a mão até que seja traído. Nesse momento passa-se a retaliar, traindo-o até que o oponente volte a estender a mão, estimulando a reciprocidade. A estratégia, embora simples, traz dois benefícios: não soma zero, permitindo aos dois jogadores ganharem pontos sem prejudicar um ao outro, e, por ser completamente transparente, sua regra persuade o adversário de que é melhor cooperar.

Como esse exercício demonstra, a interação entre indivíduos garante cooperação, se não devido ao risco da punição pelo adversário, pela conclusão do benefício mútuo. Cria-se, portanto, um argumento novo além da estratégia da violência. Essa confiança no relacionamento com o próximo pode ser desenvolvida pela reciprocidade direta ou indireta, através da reputação, no qual o sistema moral se fundamenta. Em sociedades baseadas em mercados, aquele que desenvolve uma reputação de injusto sofre as consequências.

Colocando-se essa questão no contexto atual, onde interagimos de forma impessoal com uma grande quantidade de desconhecidos diariamente, o risco de trapaça é evidente. Para contrabalançar, no entanto, mercados se sofisticaram e, com a ampliação do uso da internet e de redes sociais, o impacto da reputação vem se intensificando ainda mais. Hoje em dia vivemos em uma interconectividade gigantesca. A cada segundo de cada dia, por exemplo, itens com valores altos são transacionados em sites, sem que as pessoas inspecionem os produtos que estão comprando e sem muitas vezes conhecerem os vendedores, que podem até estar utilizando um pseudônimo. Tudo isso é possível pelo feedback comunitário, desenhado nesses mercados e sites, que permite gerar e destruir reputações. Dos sistemas financeiros primitivos até aos atuais todos se basearam na intensa interatividade entre pessoas, e na credibilidade que emerge naturalmente do processo.

Apesar disso, cooperação nunca é um estado estável, sendo constantemente desafiada pela possibilidade do benefício individual da traição oportunistica. O inimigo está sempre à espreita e ele tem a nossa cara.

Essa instabilidade levou pesquisadores há avançarem um pouco mais no exercício: suponha que se simule matematicamente uma comunidade de estratégia interagindo continuamente, onde, num processo similar ao da seleção natural, estratégias bem sucedidas se 'procriam' e onde existam mutação e erros, qual seria o cenário final para o Dilema do Prisioneiro? Chegar-se-ia a um momento de estabilidade continuada, quando uma estratégia dominante se sobreporia às demais?

O que se descobriu foi que essa comunidade passaria por ciclos dinâmicos que se repetiriam periodicamente e eternamente.

Iniciando-se com uma distribuição de estratégias aleatórias, a estratégia da traição oportunista num primeiro momento logo assumiria o controle. Porém eles não conseguiriam se manter por muito tempo. Como seria de se esperar, a estratégia de 'toma-lá-dá-cá' progressivamente ganharia espaço em cada nova geração, passando à liderança. Aos poucos ela abriria espaço para o domínio de outra estratégia que chamaremos de 'segunda chance', onde mesmo após ter sido traído uma vez, se permite perdoar o oponente, sem traí-lo também, dando uma segunda chance. Isso faz sentido, pois a estratégia do 'toma-lá-dá-cá' pode ser catastrófica numa situação de erro: somente um engano acidental pode levar dois parceiros bem intencionados, mas adotando essa mesma estratégia, a entrarem numa espiral de retaliação mortal, impedindo um possível retorno à cooperação. Na estratégia da 'segunda chance' abre-se uma janela para se sair da espiral.

Uma vez alcançada essa etapa, com o fortalecimento dos laços de confiança, a reciprocidade é estimulada e o comportamento de pseudo-esperteza é forçado a ser revisto. Cooperadores acumulariam mais conecções sociais, isolando os trapaceadores. Com o aumento da credibilidade a confiança se estabeleceria e o passo subsequente, naturalmente, seria o de se atingir o mundo ideal de total cooperação contínua.

O resultado seria maravilhoso se terminasse por ai, mas infelizmente o Nirvana não dura para sempre. O ambiente se torna propício para o aparecimento do Paradoxo da Tolerância, sugerido pelo filósofo austríaco Karl Pooper. Nele se afirma que a tolerância total, genuína e ilimitada, requer que se tolere a intolerância, levando-a à natural inconsistência e desaparecimento. Essa comunidade de tolerância ideal fica muito frágil, tornando-se um campo fértil para o ataque de trapaceiros intolerantes. Quando eles retornam voltam com força total e a 'Lei de Gerson' passa a vigorar novamente: aqueles que 'gostam de levar vantagem' passam a dominar completamente, e a traição passa a imperar.

Trapaça e traição talvez sejam palavras fortes para generalizar o que se passa, pois sob o prisma físico, o que preocupa é o fato de que conflitos sempre tendem a se escalar como subproduto natural do processo emocional. Neurologistas indicam que a sensação que se tem na interação com parceiros é a de que o outro sempre reage de forma desproporcional ao nosso ato, levando a um novo giro na espiral da retaliação, com maior intensidade. Em linhas gerais, assumimos que somos sempre vítimas e os outros são sempre os culpados.

Dando continuidade ao ciclo, o reinado dos 'traidores' seria interrompido com a reintrodução e crescimento da estratégia do 'toma lá-dá-cá' e tudo se repete.

A conclusão que se chega é a de que esse ambiente de simulação teria um comportamento pendular, indo do extremo da confiança ao extremo da desconfiança, continuamente; da euforia à crise e vice versa. A dinâmica do conflito entre o interesse individual e o coletivo alimenta a crise.

Embora seja um modelo limitado, ele traz uma referência interessante para a perspectiva financeira. Numa comunidade ao se assumir a estratégia de cooperar hoje, com sacrifício pessoal e risco, espera-se obter um benefício imediato ou futuro, através da cooperação do outro participante. Isso representa uma forma similar ao que acontece num processo de investimento, onde se incorre num custo para se obter um retorno, baseado na confiança. Na direção contrária, ao se adotar a estratégia de traição, sabendo que existirão novas interações, e consequentes retaliações potenciais, traz-se o benefício para o presente deixando o sacrifício para o futuro, tal como numa situação de empréstimo forçado, unilateral. Seguindo a sequencia dentro do ciclo, conforme a estratégia de traição se espalha na população alcança-se o ponto onde a quantidade de 'debito' imposto torna-se insustentável e os poucos reais 'investidores' que sobram com alguma credibilidade passam a deter o poder de barganha. Após passar por uma etapa de alto risco alcança-se um período de bonança, quando os 'débitos' forçados retornam reiniciando o ciclo. Confiança pode ser construída ao ponto de consumo/investimento frenético e endividamento extremo, baseado na percepção de controle do ambiente. Já na ruptura, a desconfiança total pode levar à paralisia de seu comércio/investimento e ao congelamento do crédito, com a sensação de descontrole e desconfiança.

Vale à pena reforçar que o dilema do prisioneiro se baseia no conceito da reciprocidade. Para que haja reciprocidade a informação tem que fluir nos dois sentidos.

Num outro estudo, realizado com primatas, observou-se que quando apresentados a uma situação similar ao dilema do prisioneiro eles cooperam quando estavam no centro das atenções e traíram quando puderam se esconder. Exposição leva à necessidade de demonstração de credibilidade que reforça a confiança geral: manter a reputação é importante. A recomendação genérica do estudo foi a de que quanto maior a transparência nas ações menor a chance de crimes serem cometidos. Políticas, portanto, sempre devem ser adotadas no intuito de aumentar a transparência e a exposição, quando objetivo é propagar a confiança. Nesse aspecto Finanças, com seus conceitos precisos, padronizados e divulgáveis, tem muito a contribuir.

Outra experiência que reforça essa tese foi realizada no refeitório de uma universidade inglesa. Durante muitos anos os funcionários e estudantes pagavam pelo chá ou café, que se serviam sozinhos ao longo do dia, seguindo a indicação de uma lista de preços sugeridos, que ficava exposta na parede em frente, devendo depositar o valor num 'caixa de honestidade'. Um dia, sem nenhum aviso prévio ou explicação, foi colocado um cartaz bem acima da lista. Por um período de dez semanas eram apresentados cartazes ora com flores ora com a foto de um olhar penetrante que parecia fitar o observador. O resultado prático foi o de que durante os dias onde o cartaz apresentava o olhar as contribuições aumentaram significativamente comparadas com as semanas quando se observava apenas flores. Um lembrete puramente simbólico de que poderiam estar sendo observados instigou as pessoas a demonstrar um melhor comportamento no processo voluntário de troca. Como veremos com mais profundidade no capítulo 6, o controle financeiro também tem a sua vertente psicológica.

Enquanto reciprocidade significa dar ao outro a mesma coisa que recebeu, podendo ocorrer num período diferente, troca ou comércio, no entanto, traz um desafio ainda maior, pois significa dar ao outro coisas diferentes, não necessariamente no mesmo momento, adicionando-se a dimensão de definição e concordância de valor entre os envolvidos ao longo do tempo.

Some-se a isso o fato de que na vida real os prisioneiros do famoso dilema usualmente possuem informações e capacidades diferentes, podendo realizar coalizões e conluios dos mais diversos. Caso os prisioneiros pudessem negociar abertamente a opção escolhida seria a de cooperação: uma solução de mercado, benéfica para o grupo de prisioneiros. A solução escolhida, portanto, depende do poder de influência no desenho das restrições impostas.

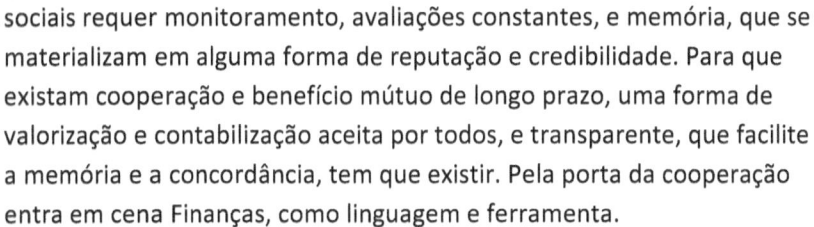

Toda essa camada adicional de complexidade, interações e transações sociais requer monitoramento, avaliações constantes, e memória, que se materializam em alguma forma de reputação e credibilidade. Para que existam cooperação e benefício mútuo de longo prazo, uma forma de valorização e contabilização aceita por todos, e transparente, que facilite a memória e a concordância, tem que existir. Pela porta da cooperação entra em cena Finanças, como linguagem e ferramenta.

Inteligência coletiva

Como exemplificado no Dilema do Prisioneiro, confiança, fonte da cooperação, implica num delicado balanço entre dois desejos dinâmicos e usualmente opostos: o nosso e o dos outros. A necessidade de confiar traz em si fundamentalmente o reconhecimento de que somos vulneráveis e limitados. A capacidade de obtermos o resultado que desejamos não está inteiramente sob nosso controle e contém risco, dependo de cooperação ou competição.

No entanto, é essa capacidade de confiar e mobilizar um grupo grande de pessoas para resolver problemas complexos o que diferencia a cooperação humana da cooperação observada em outros mamíferos. Esse processo não acontece dentro de um único cérebro. É um fenômeno coletivo que acontece entre cérebros.

Ao olharmos para uma ferramenta pré-histórica de pedra ao lado de um mouse, como no desenho abaixo, se percebe que embora ambos tenham sido projetados para o uso da mesma mão humana, um foi feito por uma única pessoa, enquanto o outro surgiu como o resultado da contribuição de possivelmente milhões.

Ao mesmo tempo, como produto tecnológico o primeiro perdurou imutável por um milhão de anos enquanto o outro evolui a cada ano, e deverá estar obsoleto nos próximos anos. A ferramenta pré-histórica foi feita por um indivíduo para consumo próprio, enquanto o mouse foi feita por milhões de pessoas para a utilização de outras milhões de pessoas. Uma foi construída pela inteligência individual, a outra pela inteligência coletiva. Isso implica em que não existe uma única pessoa no mundo que consiga construir um mouse de forma independente. Para realizar e desenvolver qualquer coisa precisamos cada vez mais um do outro; do acúmulo do conhecimento e da experimentação. Passamos a trabalhar em rede. Passamos a terceirizar e a alugar o capital, no sentido amplo da palavra, um do outro.

Quando os seres humanos começaram a trocar e transacionar descobriu-se que a divisão de trabalho e a especialização de esforços geravam ganhos mútuos. O filósofo escocês Adam Smith, no século XVIII, lançou as bases do estudo do que hoje conhecemos como Economia, trazendo à luz esses conceitos básicos. Como regra geral, quanto mais diversificados se tornam os consumidores e especializados os produtores, maior é o progresso atingido, num ciclo financeiramente virtuoso. Tempo vai sendo economizado e realocado de forma mais produtiva, ampliando o horizonte de possibilidades através da alocação de investimento. Isso, todavia, exponencializa a complexidade envolvida, fazendo com que, para lidar com essa complexidade, mais clara e formalizada tenha que ser a comunicação. O idioma de Finanças surgiu com esse propósito e foi se fortificando e se expandindo à medida que o ciclo dava mais uma volta.

Quanto mais as pessoas passaram a confiar umas nas outras e no comércio, mais elas se especializaram, investiram seu capital e correram riscos, o que tornou o processo de troca ainda mais atraente. Com a especialização veio a economia de escala; ao fazermos mais de algo, de maneira focada, sua qualidade aumenta e seu custo cai. Com o consumo diversificado veio a competição; ao buscarmos vários fornecedores a qualidade aumenta e o custo cai. A história nos mostra que a prosperidade é basicamente caracterizada pelo aumento na especialização, enquanto pobreza vivenciada na auto suficiência. Assim sendo, é importante entender nossa interação com a especialização.

Apesar de todas as dificuldades enfrentadas, no início do processo de civilização, a confiança cresceu gradual e progressivamente, se espalhando e se aprofundando ao longo do tempo, principalmente devido ao comercio e aos mecanismos financeiros associados. Comércio estimula confiança e vice-versa. Confiança trouxe comércio, que estimulou a especialização, que melhorou a qualidade, que estimulou o surgimento de mecanismos financeiros, que liberou capital, que ampliou a possibilidade de comércio, que trouxe economias de escala, que reduziu o preço, atraindo mais demanda, que gerou progresso, que trouxe mais confiança, que trouxe mais comércio...

Dessa confiança e desse comércio surgiram mercados, tanto físicos quanto financeiros, onde ninguém é responsável ou está no controle. Onde todos podem oferecer, avaliar, precificar, regatear, comprar, vender, investir ou empreender de forma 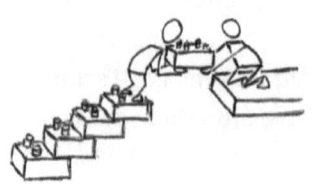 democrática e eficiente. Mercados independentes e impessoais são importantes para prover necessidades, principalmente a das minorias, já que a maioria pode obter o que precisa através do exercício do poder. O salto da inteligência financeira coletiva, com o surgimento de uma linguagem comum, no entanto, somente foi dado ao se formarem as primeiras grandes cidades.

Organizando as crises

Evidências indicam que as primeiras contabilizações rudimentares de que temos conhecimento, estimuladas pela necessidade de comercialização, ocorreram onde hoje é o Iraque, pelos Sumérios que povoavam o sul da Mesopotâmia em 8.000 A.C. Essas contabilizações ocorreram na cidade chamada de Urk, conhecida nos relatos bíblicos como Ur, sendo a origem etimológica da palavra urbano, relacionada à cidade. Foi possivelmente a primeira grande cidade, com mais de 50.000 habitantes.

Antes do surgimento das cidades-estado as comunidades eram pequenas e familiares, onde os compromissos eram assumidos e mantidos verbalmente. O sustento vinha da caça ou da exploração do ambiente natural, sendo oportunístico e momentâneo. Compromissos dependiam da capacidade de memória e do balanço de poder. Nos primórdios a reciprocidade imediata era o método pré-urbano de lidar com as necessidades. Entre familiares e amigos próximos a reciprocidade se proliferava, mas não entre estranhos.

Antes do desenvolvimento da agricultura e da domesticação de animais, nossos antepassados eram generalistas, mas ineficientes. Faziam ferramentas de pedra, mas nada dentro do conceito ampliado de produto ou serviço, como algum tipo primitivo de "mouse". Com o surgimento do comércio livre e formal, com a introdução da agricultura e da aplicação disciplinada da força animal, liberou-se tempo e energia para a especialização, e para um exponencial aumento da produtividade, da criatividade e da procriação.

Com a transformação de caçadores em agricultores e o surgimento de grandes cidades, com uma população estável, criou-se a necessidade de se formalizar compromissos, e assim usufruir do aumento de produtividade de maneira contínua. A urbanização trouxe e estimulou a necessidade de cooperação em larga escala, assim como a complexidade da troca no tempo, e a divisão de tarefas. Cooperação passou a ser uma forma de seguro que depende da confiança entre as partes. Ela precisava se expandir, para que o ciclo virtuoso do comércio pudesse acelerar, e as cidades forneceram o ambiente propício para isso.

Quando as pessoas têm a mesma ocupação o conceito de retribuição ou reciprocidade é simples: o que foi emprestado é devolvido. Com a diversificação de atividades e interesses a complexidade desse processo aumenta exponencialmente. Passa a existir a necessidade de definição de condições de troca, de formalização dos acordos feitos, de uma linguagem comum.

Para endereçar essas necessidades os babilônios criaram arquivos perenes de transações, uma memória permanente e institucionalizada.

As primeiras ferramentas financeiras, com esse propósito, que sobreviveram foram bolas de argila contendo dentro delas pequenos itens com significado próprios que formalizavam um compromisso assumido de forma física. Essas bolas eram seladas e abertas apenas no final do 'contrato' para confirmar o que havia sido acordado. Esse mecanismo usava a correspondência de um para um. A cada produto correspondia um item simbólico dentro do contrato no formato de bola.

Numa segunda etapa, esses artefatos foram substituídos por placas de argila identificando o compromisso, especificando valores, e contabilizando estoques através de um código de ideogramas desenvolvido com o auxílio de símbolos em formato de cunha. No simbolismo mais sofisticado dessas ferramentas, números abstratos surgiram e as medidas associadas a bens e produtos passaram a ter significado próprio. Foram identificados aproximadamente 1.500 ideogramas, que representavam numerais, produtos, e animais. Esses seriam os primeiros documentos escritos de que se tem notícia. Essa contabilização primitiva foi a origem do idioma escrito. A escrita essencialmente surgiu por uma necessidade financeira. Aparentemente, o primeiro nome registrado na história, pertença a um contador chamado Kushim, que confirmou uma determinada quantidade de

cevada, e não a um profeta, cantor ou imperador. Curiosamente a essas tábuas foram dadas em inglês o nome de "tablets" que hoje identifica a última palavra em tecnologia de comunicação visual.

Nessas cidades-estado os líderes religiosos, devido à sua credibilidade (seu poder de gerar crédito) e a proximidade com os reis, supostos descendentes dos supostos deuses, realizavam algumas das funções financeiras. Eram nos santuários onde os sumérios e babilônios concretizavam suas transações, sendo uma das funções dos sacerdotes inscreverem os compromissos nas tábuas ou confirmar a legitimidade do que estava escrito nas mesmas. Na cidade de Urk a palavra que descrevia o sacerdote era a mesma usada para identificar o que hoje chamamos de contador. Só com o passar dos tempos essa função se transferiu para o governo e para organizações criadas com esse propósito.

Nesse momento histórico se viabilizou a representação simbólica de uma unidade de riqueza, que funcionou como meio de troca, como mecanismo de se estocar valor, e como padrão para se comparar valores, o que possibilitou a transferência do mesmo no tempo e no espaço.

Esse processo evoluiu e vários outros meios foram utilizados ao longo da história como receptáculo de valor; tais como utensílios, ferramentas, e colares indígenas. O uso de gado como instrumento de troca, por exemplo, deixou marcas de sua função em nosso vocabulário até hoje. Empregamos palavras como pecúnia (dinheiro) e pecúlio (dinheiro acumulado) derivadas da palavra latina pecus (gado), assim como o fato da palavra capital (patrimônio, o que a pessoa possui) derivar do latim capita (cabeça). Da mesma forma, a palavra salário tem como origem a utilização do sal, pelos romanos, para o pagamento de serviços prestados, devido à sua importância e escazes na época.

Como andar com gado ou sal é bastante inconveniente e caro, o dinheiro como conhecemos hoje foi inventado. Dinheiro serve não só como mediador de troca, possibilitando seu fácil acúmulo e transferência espacial e temporal, como também serve como seguro em períodos de crise e de escassez.

Dinheiro, a maior invenção financeira, é uma abstração. É, possivelmente, a mais bem sucedida ficção na história da humanidade. Pessoas trocam o fruto do seu trabalho por um pedaço de algo. O importante não é a aparência ou o que está por trás desse algo, mas sim se as pessoas acreditam ou não o suficiente para usá-lo.

O dinheiro no formato de moedas surgiu no século VII A.C., tendo sido cunhadas na Lídia, hoje território Turco. Moedas são peças metálicas gravadas com motivos que evidenciam tratar-se de dinheiro. Ao serem adotadas pelos Gregos deram inicio a uma revolução comercial sem precedentes, substanciando de forma concreta o sucesso da cultura helênica. No entanto, foi Dario, o Grande, rei persa, quem pela primeira vez garantiu plenamente a convertibilidade da moeda a qualquer momento e em qualquer local do império. O termo 'cara ou coroa', como consequência, deriva do fato de que por um lado a moeda é garantida pela coroa, pelo governo em vigor, e por outro representa um valor, o caro, que mais tarde foi transformado em cara. Já a origem da palavra moeda vem do fato de que uma das responsabilidades da deusa romana Juno era a de avisar aos romanos de perigos iminentes. Devido a isso ela era conhecida como Juno Moneta, palavra que significava alerta. Como moedas eram cunhadas no templo de Juno elas adquiriram seu sobrenome.

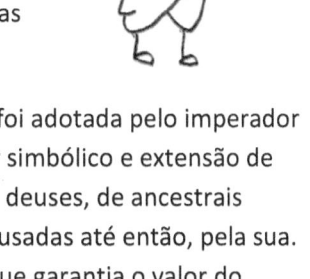

Dinheiro como mídia de propaganda pessoal foi adotada pelo imperador romano Júlio César, que, percebendo o poder simbólico e extensão de alcance das moedas, substituiu a imagem dos deuses, de ancestrais mortos, e do símbolo da cidade, comumente usadas até então, pela sua. Como primeiro marqueteiro político era ele que garantia o valor do dinheiro e estava presente de maneira ostensiva e positiva no bolso de todos os cidadãos romanos.

Em outro salto tecnológico o papel moeda foi inventado pelos chineses, por volta de 1.000 A.C., na dinastia Tang. Nesse período, governos provinciais mantinham escritórios na capital para fazer lobby junto ao imperador e ajudar os cidadãos comerciantes que iam para lá a negócio. Com esse propósito esses escritórios começaram a funcionar como agências bancárias primitivas, onde moedas podiam ser depositas contra recibos resgatáveis na província, facilitando a vida dos comerciantes que não tinham mais que transportar grandes quantidades de pesadas moeda de metal de baixo valor. Por esse motivo quando de seu surgimento o papel-moeda ficou conhecido como 'dinheiro voador'.

O valor do dinheiro está no quanto alguém está disposto a pagar por ele, na confiança que ele transmite, em suposições e crenças. Dinheiro, sendo um padrão de valor que permite a realização de transações futuras, tem que ter garantida a sua convertibilidade como premissa básica. Desde então o conceito de dinheiro não parou de evoluir e hoje vemos sua sublimação no mundo digital. De bola de argila a bits e bytes.

Como troca, escambo, ou permuta de um produto ou serviço por outro requer uma coincidência de interesse, sendo ineficiente e caro, estimulado pela invenção do conceito do dinheiro, o ato de transacionar passou a gerar tanto valor quanto o ato físico de se criar algo. No entanto, necessidades existentes em um momento podem ser completamente diferentes dos recursos disponíveis naquele instante. Para que essas transações ocorram precisam existir mecanismos a disposição que permitam a transferência de recursos no tempo.

Essa etapa no processo de especialização, sob o prisma de financeiro, resultou na identificação de duas figuras chaves: o credor e o devedor. Como sabemos, se existe uma transação financeira as figuras de crédito e débito estão envolvidas em algum momento.

Crédito é o termo técnico e explícito dado ao sentimento de confiança que permite o desenvolvimento de transações em momentos e em regiões diferentes. Deriva do verbo latino "credere", que significa crer, ter fé, acreditar. Como vimos na época dos babilônios, eram os sacerdotes os responsáveis pela crença dos cidadãos, que se encarregavam do crédito dos mesmos. O que permite o comércio ou investimento com estranhos é a crença de que eles são merecedores de confiança. Crédito, portanto, é um instrumento que permite antecipação ou adiamento. Ao se dar crédito permite-se ousar e construir o presente à custa do futuro, rompendo-se o ciclo primitivo de autossuficiência. Crédito implica numa visão otimista do futuro.

Dinheiro representa crédito em sua forma mais pura: um pedaço de papel que garante, de alguma forma, a seu possuidor o direito a um pré-determinado valor reconhecido por uma entidade confiável; no caso de dinheiro um governo, no caso de cheque ou cartão de crédito um banco.

Débito, consequentemente, é a obrigação assumida pelo devedor de garantir o pagamento desse valor para ao fornecedor desse crédito. É o compromisso assumido ao se aceitar a antecipação de recursos feita pelo credor. Débito implica no surgimento de necessidade ou oportunidade no presente que justifique sacrifícios futuros. Débitos e créditos, portanto, são os lados opostos e inerentes de uma mesma transação.

Como visto no dilema do prisioneiro, para se alcançar estratégias cooperativas são necessárias ferramentas que possibilitem o estabelecimento de confiança entre as partes, ao longo do tempo, tais quais os conceitos financeiros de crédito e débito.

A necessidade de se estender crédito ou de se incorrer em débito vem, principalmente, do surgimento de oportunidades de se empreender e de se investir. Empreender vem do latim "imprehendere", significando apanhar, prender com as mãos, não deixar uma oportunidade passar. Envolve realização de algo feito com um propósito e uma intenção específica, através de uma atividade organizada. Ela requer investimento, que é a aplicação de recursos em empreendimentos visando seu aumento. Assume-se que o futuro será melhor do que o presente.

Podemos chamar de empréstimo, numa definição genérica, o mecanismo usual de se dar crédito ou de se assumir um débito, com o intuito de se viabilizar o investimento em um empreendimento, a um custo fixo. Possivelmente o conceito surgiu nas sociedades caçadoras, quando do processo da divisão na partilha de espólios. Caçadores bem sucedidos em um determinado dia, ao dividirem sua caça, ficavam com um crédito para a divisão da caça do dia seguinte, quando eles poderiam não ser tão bem sucedidos. O benefício desse mecanismo se ampliou com a necessidade da sociedade agrícola de remunerar o trabalho realizado no plantio somente após a colheita, envolvendo complexa troca de recurso ao longo do tempo. Um subproduto do advento do empréstimo foi o aumento de produtividade:

além do ganho da especialização, indivíduos endividados, e, consequentemente, pressionados, comprovadamente produzem mais.

O nascimento do juro

Talvez a função mais importante e controversa em uma transação financeira é a do juro. O conceito de juro surgiu como um estimulante para induzir um indivíduo a emprestar recursos a outro. Se estivermos com recursos disponíveis porque não usá-lo emprestando para alguém que precise, assumindo que o risco pode ser quantificado e remunerado? Juro é um percentual que se acrescenta ao total de um valor emprestado a ser pago pelo devedor ao credor. Também pode ser considerado como o rendimento do recurso de capital aplicado em determinado investimento. Ao se emprestar uma casa para outro morar o aluguel recebido conceitualmente tem a mesma propriedade e função do juro. Por essa lógica, na visão do credor, juro é equivalente ao retorno esperado sobre o investimento feito, pelo sacrifício realizado. Na visão do devedor é o custo a ser pago para se obter hoje algo que só poderíamos obter amanhã. Reflete, portanto, também o custo da transferência de recursos no tempo entre alguém hoje e esse mesmo alguém mais velho, ou mesmo seus descendentes.

Matematicamente o conceito de juro é representado da seguinte forma: considerando "P" como sendo o valor original ou principal sendo emprestado ou investido e "r" sendo a taxa de juro percentual para o período; multiplicando essa taxa pelo valor principal, obteríamos o juro a ser pago ou recebido, rP. No final do período do empréstimo ou do investimento, como o valor original mais o juro deveriam ser pagos, o valor total desse pagamento seria de P + rP = P (1 + r). Se assumirmos que nenhum pagamento for feito e o empréstimo/investimento foi rolado para mais um período, o novo saldo desse empréstimo/investimento passaria a ser de P (1 + r), que deveria também render juros nesse novo período, agora no valor de rP (1 + r); levando a um novo pagamento total de P (1 + r) + rP (1 + r) = P (1 + r)^2. Se esse exercício continuar sendo feito para "n" períodos, teríamos um valor a ser pago ao final em um regime de juros compostos igual a P (1 + r)^n. Juro tem uma característica cumulativa e composta.

Assumindo um valor de principal de $ 100 (P) e de juros de 10% no período (r) teríamos ao final de cada período os seguintes valores:

$$1 \text{ período} = P(1+r) = 100 \times (1+0,10) = 110$$

$$2 \text{ período} = P(1+r)^2 = 100 \times (1+0,10) \times (1+0,10) = 121$$

$$'n' \text{ períodos} = P(1+r)^n = 100 \times (1+0,10) \times (1+0,10) \text{ "n" vezes...}$$

As palavras originalmente utilizadas para identificar juro nos idiomas primitivos estão sempre associadas à reprodução e filhotes, indicando que a visão era a de multiplicação do rebanho existente. Um proprietário emprestava algumas cabeças de gado a outro e recebia de volta não só o mesmo número de cabeças de gado como também alguns dos filhotes nascidos no período. Em uma sociedade agropecuária, onde gado era o padrão de valor de empréstimos eram esperados ao final dos mesmos 'filhotes', gerados a uma taxa natural de nascimento.

Juros implicam em aumento e crescimento; em devolver o valor que se antecipou e mais um preço combinado por essa antecipação, refletindo os riscos envolvidos. Caso isso não aconteça se configura quebra de confiança, penalidades são aplicadas, e a crise se instala. A palavra juro em português tem sua origem, dentro dessa linha de raciocínio, no latim "jus, júris", que significa direito, cumprimento de um compromisso. Isso implica para cada envolvido a necessidade de se tomar muito cuidado.

Ao longo da história o conceito de juro sempre teve uma relação ambígua com os seres humanos. Mais do que qualquer outro animal, seres humanos pedem emprestado contra o potencial de seu futuro, ao dependerem completamente de outros nos seus primeiros anos de vida. Até os 15 anos consumimos 20% das calorias de toda nossa vida, enquanto produzimos somente 4% delas. Seguindo essa lógica, o sistema financeiro permite às pessoas pegar emprestado e consumirem enquanto são jovens e poupar e emprestar ao envelhecerem, distribuindo um padrão de vida equitativo ao longo dos anos e alinhando as necessidades às limitações da natureza. O conceito de juro estimula a especialização, a produtividade e a eficiente alocação de recursos escassos. Mercados, organizados financeiramente e baseados no conceito de juro, nos permitem diversificar nosso consumo no tempo, e focar nossa produção: fazemos uma coisa muito bem feita, no momento certo, e usamos ou consumimos muitas coisas que não sabemos fazer ao longo do tempo. O contraponto desse ganho de produtividade é justamente o custo do juro.

Apesar disso, a noção de empréstimo e juro sempre trouxe ao longo da história uma imagem muito ruim. Aristóteles, filósofo Grego, resumiu da seguinte forma a crítica genérica que se faz à cobrança de juro: "A forma mais odiosa de riqueza, com muita razão, é a usura, que faz com que o ganho venha do dinheiro em si, e não de seu objetivo natural. Dinheiro foi criado como meio de troca, não para crescer com juros...". A igreja católica, por sua vez, desencorajou a cobrança de juro durante os séculos XIII e XIV. As ordens de Franciscanos e Dominicanos foram os principais opositores, e nesse período desencadearam uma campanha inflamatória contra a cobrança de juro. Para dar uma idéia do radicalismo adotado sobre o tema, o Concílio de Latrão de 1179 negou enterro cristão aos usurários: "seus corpos devem ser enterrados em fossos, como os cães e o gado", escreveu Fra Filippo degli Agarazzi. Alinhado com o pensamento religioso de seu tempo, o escritor Dante Alighieri, na sua Divina Comédia, colocou os usurários, considerados como a última classe de pecadores, ao morrerem nas areias ferventes do sétimo ciclo do inferno, junto com os homossexuais. Naturalmente por trás de tudo isso existe uma profunda questão religiosa, sendo a usura historicamente associada ao judaísmo.

Embora a Bíblia proíba o empréstimo com juros: "não tomarás dele juros nem ganho" – Levítico, exceções eram permitidas nos casos de empréstimos concedidos a um não judeu. Foi assim que os judeus se tornaram os grandes banqueiros da Idade Média. Outras religiões, como o islamismo, ainda desencorajam sua utilização nos dias de hoje.

Ironicamente, no ano de 1129, surgiu na Europa medieval uma ordem católica denominada Cavaleiros Templários. Ela foi criada com a missão de proteger os peregrinos cristãos durante a perigosa viagem à terra santa, reconquistada pelas cruzadas. Os monges dessa ordem eram jovens nobres e guerreiros que faziam votos de castidade, piedade, obediência e pobreza, tendo que renunciar a sua riqueza pessoal, transferindo-a para a ordem. Além do serviço de segurança, a ordem prestava serviços bancários similares aos desenvolvidos na China, na época do 'dinheiro voador'. O peregrino depositava o dinheiro com a ordem na Europa e o sacava com eles após chegar a Jerusalém. Até mesmo a coroa Inglesa, num determinado período, transferiu para a guarda dos Templários as suas joias. Que melhor local existiria do que o cofre de banqueiros, guerreiros, com voto de pobreza e uma moderna tecnologia de controle financeiro?

Eles faziam empréstimos, mas não cobravam juros, seguindo a proibição da igreja. Aceitavam, no entanto, presentes e garantias, na forma de doações de terras e controle sobre recursos. Terras e castelos conquistados eram doados para eles, ou administrados por eles, na esperança de que conseguissem, através da violência divina, proteger o caminho para a terra santa contra os infiéis e os bandidos. Apesar dos votos de pobreza, formaram a primeira instituição bancária multimilionária internacional.

Como veremos ao longo da história financeira muitos sucessos estrondosos são seguidos por fracassos impressionantes, e com os Templários não foi diferente. Com a perda de Jerusalém para os árabes, e o consequente cancelamento de sua missão original, a ordem teve um final dramático. Numa sexta-feira treze em 1307 o rei Felipe IV da França, em conluio com o papa recém-empossado e indicado por ele, ordenou a prisão de todos os líderes dos Templários, que havia convocado para uma reunião em Paris. Eles foram torturados pela inquisição para confessar práticas proibidas e queimados vivos na sequencia. Com isso o rei obteve o perdão de sua dívida com a ordem e herdou parte das terras controladas pelos Templários, tendo o resto sido distribuído entre as demais ordens católicas. Terminava assim essa estranha experiência financeira, mas começava a lenda misteriosa dessa contraditória e pragmática ordem religiosa, que se estende até os dias de hoje, inclusive com o fato da sexta-feira treze ter passado a significar mundialmente como um dia de azar.

Como se pode ver, em sua essência, o debate tanto na Grécia quanto no período católico-medieval se concentravam no conceito de propriedade física, já que o pagamento de aluguel sobre a propriedade, nas respectivas épocas, não sofria do mesmo preconceito dos juros, embora tenha as mesmas características: pagamento por um capital utilizado por um terceiro durante um espaço de tempo. Nesses períodos os grandes senhores de terra, incluindo a igreja, detinham o poder e a propriedade era hereditária.

Na sociedade feudal o relacionamento básico entre o senhor de terra e o vassalo era ainda mais primitivo, não sendo mediado por pagamentos por serviços prestados, mas sim por promessas de lealdade e suporte. Terra não era comprada ou vendida: ela pertencia ao rei que garantia seu uso aos lordes, que da mesma maneira permitia que seus vassalos as usassem. Nesse sentido Finanças, ao permitir comparação de valores, trouxe o desconforto a uma sociedade onde as diferenças sociais eram tidas como expressões da vontade divina. Interesses de grupos e luta pelo poder sempre estão na origem das grandes polêmicas. Dinheiro e juro, por sua característica de impessoalidade e negociabilidade, reduzindo custos e aumentando a produtividade, ajudou a corroer a ordem social tradicional da era feudal. Ao invés de ser algo estático a ser guardada, a riqueza, através do 'milagre' dos juros compostos, passou a ser algo a ser investido, gerando mais riqueza. Graças ao conceito de dinheiro, até mesmo pessoas que não se conhecem e não confiam uma nas outras são capazes de cooperar de maneira efetiva. Isso contribuiu e contribui decisivamente para o aumento da tolerância, sem inquisições e sem fogueiras.

Apesar de toda a oposição através da história, dinheiro converteu o problema da divisão de recursos escassos ao longo do tempo de um 'dilema do prisioneiro', com seu conflito entre o interesse individual e o coletivo, para uma simples troca, onde o juro, assim como o salário ou o aluguel, tornou-se o motivador para a cooperação. O jogo cuja soma não é zero, onde os dois jogadores saem ganhando, fica explícito, quando a cooperação é incentivada de forma transparente pela divisão do benefício. Quem compra, utiliza seu capital, tornando-se proprietário e alugando esse capital através da cobrança de 'juro'. Quem aluga mantém seu capital e a flexibilidade pagando o custo de 'juro' por isso.

Aos poucos as ferramentas financeiras, incluindo o juro, foram liberando o capital engessado nas propriedades medievais, propiciando que ele pudesse ser empregado em novas oportunidades, tais como nas viagens de descoberta. Liquidez, a liberação do capital preso na terra, trouxe liberdade. Aos poucos mais e mais indivíduos passaram a ter opção de empregar seu capital de diversas formas, sendo a propriedade de um bem físico apena uma delas.

Em termos matemáticos, na realidade juro nada mais é que o inverso do desconto. Juro leva um valor do presente para o futuro. Desconto traz esse mesmo valor do futuro para o presente a um custo. São conceitos exatamente iguais, mas simetricamente opostos. Curiosamente, enquanto o desconto é popular o juro é marginalizado. Quando se tem uma conta de $ 100 para se pagar em um ano e se consegue um desconto de 10% para um pagamento a vista de $ 90, matematicamente isso é o equivalente a emprestarmos os mesmos $ 90 por um ano à taxa de juro de 11,11% e ao final do ano pagarmos a conta de $ 100.

		Hoje	Em um ano
	Valor	$ 90	$ 100
Desconto	10%	hoje = em um ano x (1 - desconto)	
Juro	11,11%	hoje = em um ano / (1 + juro)	

em um ano x (1 - desconto) = em um ano / (1 + juro)

$$(1 - desconto) = 1 / (1 + juro)$$

O conceito de juro já era conhecido desde o tempo dos babilônios. Se pelo lado do devedor ele representa um custo pelo lado do credor ele representa um rendimento. Como acontece muitas vezes com outros mecanismos ao longo da história, somos muito mais inclinados a usar o juro do que aprová-lo. A prática sempre se sobrepõe à relutante teoria ideológica.

Um aspecto positivo da consequência 'milagrosa' dos juros compostos pode ser apreciado pela Regra dos 72, antiga conhecida dos babilônios. Ela calcula de forma rápida em quanto tempo o valor investido dobra a uma determinada taxa de juro. É só dividir 72 pelo valor do juro. Por exemplo, a 10 % ao ano o valor investido inicialmente dobra em sete anos (72 / 10 = 7,2). Essa aproximação vale para até 20% de juros. Naturalmente se a perspectiva for à de endividamento veríamos nossa dívida duplicar em sete anos. Conhecimento de causa, mesmo que aproximado vale muito.

Resumindo, Finanças teve um papel fundamental na organização das sociedades primitivas, estimulando a confiança e a cooperação entre as pessoas, possibilitando o desenvolvimento do comércio e de mercados, estruturando o caminho para o progresso. Sob essa perspectiva representou uma força contra as crises. Inteligência coletiva virou sinônimo de inteligência financeira. Numa análise mais profunda e contrária à intuição, as inovações que tornaram o mundo mais humano foram principalmente as de cunho institucionais; tais como a implantação de leis e o desenvolvimento do idioma financeiro. Adversários, incapazes de concordar em termos de crenças religiosas ou ideologia política, concordam quando se trata de uma crença financeira, porque, enquanto religião e política nos pedem para acreditar em algo, Finanças nos pede para acreditar que outras pessoas acreditam em algo. Finanças, através de seus conceitos de créditos/débitos e mecanismos de avaliação/controle, estimula a confiança e cooperação, liberando os benefícios do comércio livre. Ainda hoje a forma mais segura de se fomentar uma guerra é limitar o comércio e o intercambio entre os povos. Como disse Frédéric Bastiat, economista e político francês que viveu no século XIX, "onde bens e produtos não atravessam fronteiras, tropas atravessarão". Interesses comerciais e financeiros não impedem uma possível guerra, mas possivelmente reduzem sua probabilidade. A mensagem genérica passada pela história é a de que o mercado livre causa mutua prosperidade enquanto o protecionismo causa pobreza e violência.

Por outro lado, o uso e abuso de novos mecanismos pode, no caso de excesso, transformar benefícios em problemas. O fato desses mecanismos facilitarem o desenvolvimento ou a obtenção de algo anteriormente inimaginável, a uma velocidade surpreendente, faz com que ao ser levado ao extremo eles alimentem crises. Instrumentos financeiros, desde seu nascimento, foram ferramentas utilizadas para viabilizar empreendimento e controlar suas consequencias, tais como o desenvolvimento dos serviços bancários na China e no período dos Cavaleiros Templários. Assim como o fogo depende do oxigênio, crises dependem do abuso de mecanismos financeiros. Sociedades cresceram e desapareceram explorando conceitos financeiros. O financiamento de viagens exploratórias malsucedidas, de guerras perdidas, de sonhos não realizados reforçam a necessidade de se compreender a essência de maneira a entrarmos de olhos bem abertos em qualquer transação. Finanças se desenvolve na estabilidade da confiança mútua e é ameaçada nas situações de crise, dai a necessidade de uma formal Educação Financeira.

Em suma

- ✓ Violência e individualismo são estratégias naturais, mas ineficientes, no longo prazo.
- ✓ Cooperação é conseguida, primordialmente, através de transparência sincera na intenção de reciprocidade e no risco de punição imediata.

- ✓ Devemos procurar e estimular transações cujo resultado entre participantes somam mais do que zero.

- ✓ O que é bom para um indivíduo não necessariamente é o melhor para um parceiro ou para o grupo ao qual ele pertença e vice versa. Esse é o grande dilema que precisa ser exposto.

- ✓ Podemos ir da total confiança, com endividamento extremo, para a desconfiança completa, com congelamento do crédito, num movimento pendular.

- ✓ Comercialização estimula a especialização, gerando ganhos de produtividade, obtidos através da 'inteligência coletiva'.

- ✓ Comércio, mercados, e Finanças vêm evoluindo ao longo da história, liberando capital, provendo liquidez, aumentando a eficiência e gerando progresso.

- ✓ Crédito é crença, é confiança. Sua ausência gera crise, seu excesso gera crise. Temos que buscar sempre um equilíbrio; um meio termo.

- ✓ Ou nós somos credores ou devedores. Temos que saber, a todo o momento, qual deles e quanto dele nós somos.

- ✓ Desconto, para adiantamento, e juros possuem matematicamente um relacionamento íntimo.

- ✓ Apesar da grande oposição, juro não só existe como é extremamente importante. Temos que saber, a todo o momento, quanto está rendendo ou quanto está custando.

- ✓ Finanças é uma disciplina que busca trazer a narrativa ficcional do valor e da incerteza para uma linguagem comum.

- ✓ Finanças possui mecanismos práticos e é o idioma formal usado para se comunicar perspectivas de valor e de compromissos assumidos, facilitando a transparência da intenção e a transmissão de informação no tempo.

3. Quem está no comando? A crise é sua

Ao buscar o controle, assumimos o comando

Como a base do processo financeiro está na exploração do crédito, credito esse dependente da confiança que depositamos na estrutura das transações realizadas, de maneira a nos possibilitar encararmos a incerteza, a complexidade, e nossa limitação de recursos, nada melhor que termos claros os nossos objetivos e conhecermos o terreno onde estamos pisando.

A consequência imediata é a realização de que, embora o controle não seja completamente nosso, a responsabilidade é nossa, o 'modelo' deve ser nosso, e o comando tem que ser nosso. Qualquer pretensão a controle implica na existência de um modelo do algo a ser controlado. A necessidade de se ter controle vem da busca da redução da insegurança em relação ao ambiente e o contexto, assim como da desconfiança nos relacionamentos envolvidos. Isso implica em custo. Tanto os sucessos quanto os fracassos, e suas consequências, são de nossa responsabilidade. Isso implica em entendimento. Para darmos e recebermos crédito ao longo do tempo temos que entender e confiar nos projetos propostos, sendo capazes de explicar para outros de forma consistente nossa visão dos mesmos. Entender o que já foi feito no passado, tendo prendido com ele, e ter uma visão estruturada de premissas sobre o futuro, são condições básicas para a tomada de decisão financeira no presente. Decisões individuais compõem o mercado: o mercado somos nós.

Na seqüência de Fibonacci

O primeiro grande salto conceitual realizado na direção de assumirmos o comando das decisões financeiras, lançando os fundamentos para a visão moderna de Finanças, foi materializado no livro "Líber Abaci" (Livro do Ábaco) escrito em 1202, por Leonardo de Pisa, conhecido como Fibonacci. Como seu nome indica, ele viveu na cidade-estado de Pisa. Filho de um comerciante, ele viajou bastante quando jovem se tornando uma espécie de Marco Polo da matemática. Foi responsável por trazer os números decimais, frações, e cálculo de juros à Europa, e de convencer a todos da superioridade dos algarismos arábicos sobre os romanos, particularmente no que diz respeito aos controles sobre os negócios. Hoje em dia é até difícil imaginar como contas eram feitas em algarismo romano. Seguramente essa mudança representou um impacto radical para a sociedade da época.

Embora tenha ficado conhecido pelo desenvolvimento de sequência de Fibonacci, onde o número subsequente é a soma dos dois anteriores (0, 1, 1, 2, 3, 5, 8, 13, 21, 34, 55, 89 ...), muito encontrada na natureza, em sua maior parte o livro que publicou aplicou basicamente Aritmética e Álgebra à solução de problemas comerciais práticos, tais como conversões cambias e divisões de lucro.

Demonstrou não só a importância da perspectiva matemática para o dia-a-dia, como também descreveu de maneira prática e formal a correspondência entre os conceitos de juros, custos e lucro. Deu o primeiro passo para a análise de valor presente/atual, que refletisse a expectativa de retornos futuros.

A partir de seus ensinamentos a linguagem financeira encontrou na matemática sua forma simbólica mais simples e resumida de se exprimir. Aquilo que podemos expressar podemos medir, e, consequentemente, tentar controlar. Foi a partir daí que modelos da realidade puderam ser desenvolvidos, usando a lógica financeira e a estrutura matemática.

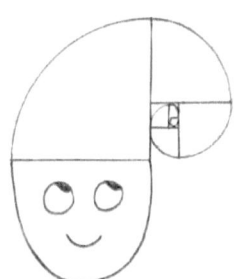

Dessa maneira a complexidade, as limitações de recursos, e a incerteza inerente passaram a ser diretamente desafiadas.

Ele viveu em uma cidade-estado, dentro de uma Europa fragmentada, muito dependente de uma ampla rede de comercio, onde a complexidade das transações comerciais era grande, com vastas distâncias a serem percorridas, tempo de execução enorme, riscos de insucesso consideráveis, e uma multitude de moedas envolvidas. Não surpreende, portanto, o particular interesse da época no desenvolvimento de formas de partilha do lucro de uma sociedade (chamada na época de commenda) entre os investidores de capital (commendators) e os sócios que entravam com o trabalho (tractors), usualmente aqueles que viajavam. Com esse propósito ele formalizou a relação intuitiva de custo-benefício, onde se especifica claramente que existe uma associação entre o custo incorrido com o benefício obtido. A taxa resultante do benefício dividido pelo custo deve ser um número acima de um para ser atrativo. A diferença entre o custo e o benefício representa o lucro ou a perda com a transação. Ao dividir esse lucro ou prejuízo pelo benefício se obtém o percentual de margem na transação, também conhecido com rentabilidade.

$$\begin{array}{r}\text{Benefício}\\ \underline{(-)\text{ Custo}}\\ \text{Margem}\end{array}$$

Rentabilidade percentual = Margem / Benefício %

Taxa de "Custo - Benefício" = Benefício / Custo
Se Taxa > 1, OK
Se Taxa < 1, Prejuizo

Análise de "Custo - Benefício"

Sob essa perspectiva, fica claro que existe uma diferença fundamental entre os conceitos de preço e de valor: valor é o benefício que se obtém, e preço é o custo que se paga por esse benefício. Com essa metodologia podia-se especificar de antemão o que seria suficiente para se considerar qualquer empreendimento um sucesso. O conceito de suficiência financeira, ou de sua versão mais moderna, sustentabilidade, começava a ser formalizada.

Um exemplo de problema resolvido no livro Líber Abaci descreve muito bem a criatividade e profundidade com que Fibonacci atacou esse tipo de situação:

> "Certo homem foi para Lucca a negócios e duplicou seu capital, lá ele teve que gastar 12 moedas. Ele então partiu para Florença onde novamente dobrou seu capital, mas novamente teve que

gastar 12 moedas. Ele finalmente voltou para Pisa onde mais uma vez dobrou seu capital, gastando 12 moedas. Terminou, no entanto, sem nenhuma moeda no bolso. Com quantas moedas esse homem iniciou sua viagem?"

Numa abordagem moderna, montando uma equação para resolver o problema, diríamos que o homem saiu de Pisa com Y moedas, em Lucca ficou com 2Y - 12, em Florença 2 (2Y – 12) -12, e finalmente quando voltou para Pisa teríamos a equação final: 2 (2 (2Y – 12) – 12) – 12 = 0, cuja solução é 10,5 moedas.

A solução de Leonardo, no entanto, é mais engenhosa.

Como o capital dobra em cada cidade ele estipulou um 'fator de desconto' de ½ para cada parada e usou o desembolso de 12 moedas como o fluxo que acontece em cada cidade, assim sendo para zerarmos no conceito de custo-benefício; isto é: o benefício ser igual ao custo, o valor inicial seria 12/2 + 12/4 + 12/8 = 10,5.

Embora sua solução não seja intuitiva, ele muda a perspectiva, possibilitando refazer a pergunta de forma mais sofisticada.

A questão para ele passa a ser: assumindo uma produtividade/rentabilidade do capital investido de 100% em cada parada na viagem, quanto precisaria ser o investimento original para simplesmente cobrir os gastos existentes?

Dessa maneira ele introduz indiretamente a variável juro, através desse fator de desconto, implicitamente equalizando os conceitos de produtividade, rentabilidade e juros, e desenvolvendo a noção de retorno sobre o investimento: um investidor que investiu 10,5 moedas nessa empreitada, tendo a capacidade de duplicar o capital existente em cada parada, mas que consumiu 12 moedas em cada cidade, não teve nenhum retorno sobre seu capital, vendo seu capital ser consumido ao longo do caminho.

Essa forma de raciocínio é que deu origem ao conceito moderno de valor presente líquido e de taxa interna de retorno, base da matemática financeira atual, que veremos mais adiante.

Fibonacci trouxe clareza em relação aos objetivos e método em relação aos procedimentos para alcança-los. Merecidamente teve reconhecida a sua grande contribuição pelos contemporâneos, tendo se tornado uma celebridade. Uma estátua foi erguida em sua homenagem em Pisa e um salário público foi concedido a ele nos seus últimos anos de vida.

Os 'banqueiros de Deus'

Seguindo o viajante de Fibonacci vamos agora para Florença encontrar uma família que foi sinônimo de poder e desenvolveu de forma estupenda o conceito de serviços financeiros, até então uma atividade de pequeno vulto. Ela também demonstrou de forma explícita o vai-e-vem da fortuna, onde sucessos e crises se sucedem, independentemente de grau de poder ou experiência.

A prestação de serviços financeiros está irremediavelmente associada à palavra banco. A origem da palavra banco vem simplesmente da cadeira onde os cambistas se sentavam, a frente de uma mesa coberta por um pano verde, para realizar seu trabalho de troca de moedas nas praças italianas.

A operação bancária, até a chegada da família Medici, embora importante, era uma tarefa simples e até certo ponto realizada por pessoas humildes. Eles, no entanto, deram uma nova dimensão ao conceito de banco, tanto em termos de estrutura quanto em termos de poder. Foram os primeiros a montar uma organização multinacional com filiais em Pisa, Milão, Veneza, Genebra, Londres, Bruges, Lyons, Avignon, e Sevilha.

Criaram até mesmo uma filial romana itinerante que seguia o Papa, sendo responsável pela cobrança das contribuições à igreja em toda Europa; daí originando o apelido que receberam de "banqueiros de Deus". Ser banqueiro papal, num período em que a usura era condenada pela igreja (resumida na frase latina: "quidquid sorti accedit, usua est" – aquilo que exceder o principal é usura) foi um feito extraordinário, e bastante lucrativo.

Como viajar a cavalo transportando dinheiro na época era coisa perigosa, seguindo o caminho desbravado pelos Templários, eles montaram uma sofisticada rede de informação por toda a Europa e aperfeiçoaram o mecanismo de carta de crédito, que dava ao seu possuidor a possibilidade de viajar às grandes cidades e resgatar o valor ao chegar. Essa era uma das maneiras de se evitar a classificação de usura: o principal mudava de referencial de valor e a taxa de juro ficava implícita na diferença de câmbio.

Outra forma muito utilizada pelos membros da própria igreja era o que se chamou de depósitos discricionários. O nome para esse tipo de depósito tinha dois motivos: o arranjo era 'discreto', pois o nome do titular do depósito era mantido em segredo, e ficava a 'discrição' (critério) do banqueiro o pagamento de uma 'dádiva', no lugar de juros.

A semântica era fundamental nesse período, onde a diferença entre o espírito das leis e sua aplicação era muito importante.

Para não dependerem de interpretações e garantir uma avaliação favorável, em contrapartida, os Medici financiavam as eleições de papas.

Além da igreja, eles também foram um dos principais financiadores da Renascença ou Renascimento, período que marca o final de idade média e início da idade moderna. Foi nesse período que ocorreu a transição do feudalismo para o capitalismo, marcado por efeitos profundos nas artes, na filosofia e nas ciências. Patrocinaram os grandes nomes da arte e ciência da época, tais como Filippo Lippi, Botticelli, Donatello, Michelangelo, Da Vinci, Filippo Brunelleschi, e Galileu. Foram os primeiros banqueiros a aliar graça ao poder. Ao juntarem arte e religião, financiando a construção de grandes catedrais e as obras de arte que passaram a preenchê-las, criaram uma forma de lavagem de dinheiro espiritual.

Eles estiveram no centro dessa revolução, com sua explosão de criatividade e crescimento econômico acelerado, onde o sistema de crédito recíproco emergiu entre os comerciantes, assim como participaram como personagens principais na crise e consequente queda brutal, que se seguiu. Eles ajudaram a liberar o capital preso na propriedade feudal, e 'surfaram' na liquidez gerada durante vários anos.

Como contribuição para o desenvolvimento financeiro também ajudaram o governo de Florença a desenvolver o primeiro mercado de títulos de dívida pública. Até então os governos apenas taxavam os cidadãos para financiar as guerras.

Com a continuidade infinita das guerras entre as cidades-estado na Itália, a opção de aumentar os impostos das pessoas tornou-se proibitiva. Como alternativa criou-se um empréstimo compulsório (prestanze), que dava ao possuidor desse título o direito de receber juros além do retorno do valor principal.

Tecnicamente isso não era interpretado como usura, pois o empréstimo era compulsório e os juros poderiam ser considerados uma compensação por esse serviço prestado ao estado. No entanto, uma característica crucial desse mecanismo era o de que ele possibilitava a venda desse título para qualquer outro cidadão, desenvolvendo um mercado secundário, e transformando esse instrumento em um investimento líquido; isto é: era fácil de comprar ou de vender a qualquer momento. O capital começava a se 'liquefazer', o que daria origem ao capitalismo.

Os juros desses títulos passaram a ser considerados como limite mínimo para juros de um empréstimo, visto que era o que apresentaria menor risco.

Esse foi o início do desenvolvimento do mercado que conhecemos hoje como sendo de renda fixa. Ele funciona assim: o governo, ou uma entidade privada, emite um título, que é uma promessa de pagamentos futuros para o recebimento de uma determinada quantia no presente. Indivíduos interessados, com dinheiro para investir, avaliam e compram esse título, podendo vendê-lo mais adiante em caso de necessidade, assim criando um mercado.

Um exemplo simples seria um título que promete o pagamento de $1.000 em um ano. O governo vai ao mercado com essa proposta e obtém uma oferta de $900 hoje. Ao aceitar essa oferta se está fixando um juro de 11,11% ao ano, já que 1.000/900 dá 1,111, que representa o retorno do valor principal associado ao 1, e do percentual incremental de 11,11% sobre esse valor principal.

```
                              1.000
         ┌──────────────────────┘
         │
        900        1 ano
```

Valor a ser recebido = 900 (principal) + 100 = 1.000

Retorno proporcional = (900 + 100)/900

Retorno proporcional = 1 (original) + 0,1111 (juros)

Retorno do investimento = valor original mais 11,11%

Taxa de juros implicita = 11% ao ano

Caso o governo resolvesse lançar um título com a mesma taxa de juros de 11,11% ao ano, mas agora para o período de dois anos, o preço do valor principal deveria ser de $810, seguindo o raciocínio de juros composto abaixo. Nele os juros do primeiro ano se agregam ao valor do principal gerando juros também sobre juros no ano seguinte.

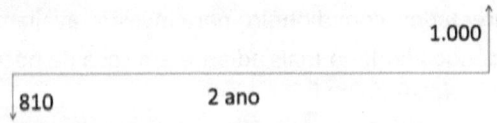

Valor a ser recebido = 810 (principal) + 190 = 1.000

$$\text{Retorno proporcional} = (810 + 190) / 810$$

$$\text{Retorno proporcional} = 1 \text{ (original)} + 0{,}2345 \text{ (juros)}$$

$$\text{Retorno do investimento} = \text{valor original mais } 23{,}45\% \text{ em 2 anos}$$

$$\text{Decomposição do retorno} = (1+0{,}111) \times (1+0{,}111) - 1 = 0{,}2345$$

$$\text{Taxa de juros implícita} = 11{,}11\% \text{ ao ano}$$

À medida que o tempo passa, tanto a oferta quanto a procura pelo título mudam, e o preço definido pelo mercado pode subir ou cair: isto é; sob a perspectiva da procura, se mais investidores se interessarem por essa promessa de pagamento, o preço sobe, se for o contrário, o preço cai; sob o prisma da oferta, se o governo emitir mais títulos com essa mesma data de vencimento o preço tende a cair, e se ele resgata (compra de volta) o preço sobe.

Toda essa mecânica é orquestrada pela necessidade e análise do risco de atraso ou de não pagamento do título, realizada a cada momento pelos participantes do mercado.

Preços menores para o título refletem as taxas de juros mais altas e preços crescentes indicam taxas de juros decrescentes.

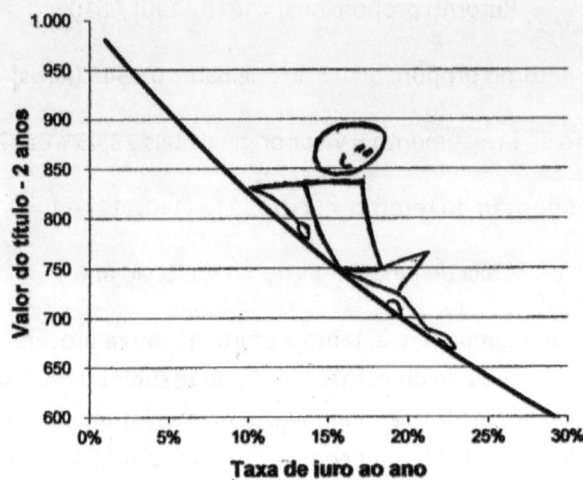

A fórmula básica de juros compostos, como discutido, é a seguinte:

Valor do título = valor a receber no futuro / (1+taxa de juros ano)^anos

Naturalmente, o pagamento dos juros pode acontecer de diversas outras formas, ao longo do período, em parcelas fixas ou variáveis, aumentando a complexidade, mas o conceito básico ainda seria o mesmo.

Ao dominar o conceito de juros compostos sobre investimentos e por concentrar a negociação desses títulos ao longo dos anos os Medici tiveram um poder sem precedentes sobre o Estado.

Seu sucesso também se deveu a uma estrutura societária participativa e diversificada, bem moderna se considerarmos que eles existiram durante a Renascença. Os bons administradores se tornavam sócios minoritários, sendo remunerados com participação nos lucros do banco.

De uma origem simples conseguiram se tornar a família mais rica da Europa. De sua fundação em 1397 até seu colapso em 1494, a história do banco reflete bem os ciclos de crescimento vertiginoso e colapso repentino, de confiança e crise, de poder e fracasso, comuns ao longo da história. Apesar de todo o poder que obtiveram, não chegaram a comemorar seu centenário.

Eles viveram a essência do 'paradoxo do banqueiro'. O paradoxo do banqueiro reflete o fato de que todo banqueiro, tendo uma quantidade de dinheiro limitada para investir, deve assumir certos riscos. Se as apostas forem bem sucedidas ele enriquece, mas se os resultados forem ruins corre o risco de abrir falência. Seguindo essa lógica o banqueiro procura emprestar seu dinheiro primordialmente para pessoas que não necessitam de empréstimo, que representam risco zero, e fogem dos indivíduos que precisam desesperadamente de dinheiro, que representam um risco muito alto. A ironia do paradoxo é o de que quando as pessoas mais precisam de um empréstimo, pior é o seu crédito na praça, maior se torna o custo, e, consequentemente, mais difícil fica de se conseguir esse empréstimo. Daí vem a piada de que o banqueiro é aquele indivíduo que empresta o guarda-chuva quando está sol e pede de volta quando começa a chover, e também a visão desaprovadora da maioria das sociedades em relação à atividade bancaria.

Os Medici viveram a essência desse paradoxo. Quanto mais o banco cresceu, mas influentes e ambiciosos os membros da família se tornaram. Passaram, então, a correr altos riscos, pois financiaram cada vez

mais reis e clérigos, detentores de grande poder, mas na maioria contumazes maus pagadores, e, que como já vimos , em casos extremos podem queimar a dívida com os credores juntos. Ao mesmo tempo aos poucos foram se afastando do controle dos negócios, transferindo a responsabilidade para terceiros, saindo em busca de ascensão e afirmação social. Como conseqüência, o banco foi do sucesso supremo à falência em quatro gerações.

Segundo os historiadores, os Medici que viveram nesse período tinham duas únicas coisas em comum: todos sofriam de gota e eram muito feios. Giovanni de Medici começou a dinastia, praticamente do nada, com muito trabalho e astúcia. Ao leito de morte aconselhou seus filhos a se concentrarem nos negócios e ficarem longe dos olhos do público. Seu filho Cósimo, além da fortuna, herdou muito de seu pai. Seguiu seu conselho, tentando influenciar os acontecimentos sem se expor, mas ao final de sua vida sua importância era tão grande em Florença que recebeu dos seus contemporâneos o título de "pater patriae", o pai da pátria, por ter sido o governador "de facto" de Florença durante muitos anos. Como o pai, seguiu a regra de jamais fazer negócios com qualquer pessoa cujo crédito não fosse sólido, a menos que fosse um príncipe ou um papa, cuja aproximação ajudaria aos negócios. No manual que todo novo sócio do banco recebia curiosamente dizia-se que "não se devia emprestar mais de 300 florins a cardeais; não mais de 200 aos cortesãos; não conceder crédito aos comerciantes romanos não confiáveis, e nem aos barões feudais, nem mesmo quando dessem garantia (já que os barões faziam as próprias leis); e nunca, jamais, emprestar a alemães, pois seus tribunais não respeitariam a demanda caso perdessem". O próprio Cósimo realizava as auditorias nas filiais do banco; isto é, ele pessoalmente checava os controles financeiros de cada uma das filiais. É curioso saber que a palavra auditoria deriva do latim "auditio", que significa escutar. A origem dela vem do fato de que reis e lordes medievais costumavam escutar a apresentação sobre suas contas feitas por funcionários, sem colocar a mão na massa como Cósimo fazia.

O sucesso das duas primeiras gerações dos Medici refletiu o foco no comando e controle de uma organização diversificada, expansionista e motivada. De acordo com os historiadores boa parte do sucesso do patriarca Giovanni, além da forma criteriosa com que investia o dinheiro, deveu-se a sua dedicação completa ao negócio e à contabilização meticulosa, novidade na época, onde depósitos eram colocados em uma coluna chamado de "vostro" e empréstimos e investimentos em outra chamada de "nostro". Eles não inventaram essa forma de controle, como veremos mais adiante, mas a aplicaram em larga escala.

As gerações subsequentes, com um Lorenzo e dois Pieros, se concentraram na política, nas artes, e na 'compra' de mais poder para a família. Lorenzo, por exemplo, teve a alcunha de o Magnífico, significando que gastava seu dinheiro de forma virtuosa; isto é: no patrocínio das artes e da ciência. O artista Michelangelo Buonaroti, por exemplo, foi criado pela família, tendo esculpido a obra a Noite e o Dia no túmulo dos Médici, obra essa que bem representa a arte e o poder associado à essa família, assim como seu desfecho.

No entanto, ao se dedicarem ao patrocínio das artes aos poucos foram se desinteressando pelo dia-a-dia do banco, transferindo o controle dele para parentes e amigos próximos, pouco competentes, que se limitaram a imitá-los nessa busca por ascensão social a qualquer custo. Maquiavel, autor do best-seller 'O Príncipe' e eternamente associado ao 'maquiavelismo' político, contemporâneo de Lorenzo, considerava-o um bom príncipe, mas um péssimo banqueiro.

A trajetória da família descreve bem o dito popular de 'pai rico, filho nobre, e neto pobre'. O fracasso veio quando os Medici se tornaram os "clientes" que eles inicialmente tanto evitavam.

Durante o processo de falência do banco, o segundo filho de Lorenzo, Giovanni, se tornou o Papa Leão X. Tendo sido o cardeal mais jovem da história, aos 14 anos, ao assumir o papado gastou rapidamente o dinheiro que ainda havia sobrado das administrações desastrosas anteriores. Afirma-se que gastou 14% das reservas deixadas por seu antecessor em apenas uma cerimônia. Exercitando o lado de criatividade financeira inerente à família, no entanto, como solução desenvolveu um mercado de indulgência, onde um recibo assinado por ele garantia o perdão de pecados contra o recebimento de valores tabelados de acordo com a gravidade do pecado. Foi o responsável pela nascimento do Protestantismo, pois, a reação a essa prática, liderada pelo monge Martin Lutero, deu origem ao movimento de reforma protestante e a divisão da igreja.

Giovanni foi posteriormente sucedido por seu primo Giuliano, que se tornou o Papa Clemente VII. Quando no poder, Giuliano garantiu o casamento de sua sobrinha com o príncipe herdeiro da França, fazendo com que ela viesse a se tornar Catarina de Medici, rainha da França. Sob seu reinado, seguindo a tradição de inovação financeira da família, foi introduzida pela primeira vez a loteria como uma forma de financiamento público indolor. Ela construiu o palácio das Tulherias e ficou conhecida como 'uma mãe, coroada' devido à influência que exerceu sobre os seus filhos. Apesar de toda nobreza e criatividade, o banco, no entanto, não mais existia.

Num ciclo completo, os Medici, no final, deixaram de ser banqueiros e se tornaram nobreza: de credores passaram a devedores.

É curiosos se observar também que na época em que surgiram banqueiros como os Medicis eram os pobres que cuidavam dos ativos dos ricos, enquanto hoje são os ricos que cuidam dos ativos dos pobres.

O código de Pacioli

Transações comercias, em uma visão simplificada, correspondem a uma série de eventos sequenciais realizados entre as partes envolvidas. Essas transações envolvem confiança, no sentido em que as partes trocam compromisso de prestação de serviços, entrega de produtos ou de transferência de propriedade contra pagamentos futuros. Naturalmente essas transações baseiam-se em um equilíbrio alcançado através da negociação, onde compradores e vendedores, ou credores e devedores, concordaram com um preço de transferência. O atingimento desse ponto de concordância é essencial para que a transação aconteça. Ao se alcançar esse ponto assume-se uma simetria de créditos e débitos; isto é: quando se empresta dinheiro ou se presta um serviço para alguém ao mesmo tempo estamos criando uma obrigação desse indivíduo de pagar o valor equivalente, em um momento futuro, possivelmente com juros, devido ao custo do dinheiro no tempo. Essa realidade, como reconhecida nas colunas de "nostro" e "vostro" de Giovanni de Medici, levou ao desenvolvimento da contabilidade que busca padronizar a forma como se registram transações financeiras.

Coube a outro italiano, frei franciscano e professor de matemática, chamado Luca de Pacioli, o papel de consolidar o conhecimento que existia sobre a forma de se organizar a vida financeira.

Em 1494, ano em que os Medici encerravam sua operação bancária, ele escreveu "Summa de Arithmetica, Geometria Proportioni et Propornaliti" (Coleção de Conhecimentos de Aritmética, Geometria, Proporção e Proporcionalidade). O livro se tornou um best-seller por ter sido escrito em Italiano e não em Latin, idioma considerado mais culto, mas menos acessível. Foi também um dos primeiros livros publicados utilizando o método de Gutenberg, um processo na época extremamente caro. Em um dos quatro capítulos descreveu a contabilidade veneziana de dupla entrada, também conhecida como método das partidas dobradas.

Na época a matemática influenciava e era influenciada pela arte, e os grandes temas eram a simetria, a proporcionalidade e o equilíbrio. Grandes artistas eram matemáticos e grandes matemáticos eram artistas. O primeiro professo de Pacioli, por exemplo, foi Piero della Francesca pintor e humanista, muito famoso em sua época.

Seu entendimento de simetria e proporcionalidade atraiu alunos como Leonardo Da Vinci, que conviveu e viveu com ele durante vários anos e foi o ilustrador de sua obra "De Divina Proportioni". Esse livro versa sobre o 'numero de ouro' (1,61803399...), que é a o número para o qual tende o resultado da divisão dos dois números sequenciais da série de Fibonacci (por exemplo: 89/55) e suas implicações. Esse número já exercia o fascínio dos gregos por sua presença quase mística na natureza, sendo encontrada na arquitetura e arte desde então.

Ela é a taxa exata que faz com que em uma reta com três pontos A, B e C, o tamanho da linha AB dividida pelo tamanho da linha BC seja igual ao tamanho da linha AC dividida pelo tamanho da linha AB. Isto é: (m+ n) / m = m / n.

Curiosamente, dentro da magia que envolve esse número, se você dividir 1 por 1,61803399 obterá 0,61803399.

O conhecimento de matemática de Pacioli, e mais particularmente o da simetria, foi a base para fazer com que o principal conceito contábil de dupla entrada fosse tão transformador.

Levando-se em consideração a oposição formal da igreja à cobrança de juros a ao processo financeiro de maneira genérica, poderia ser estranho ver um frei assumindo a liderança no ensino da contabilidade. No entanto, como o cristianismo busca associar penitência a débitos morais, parece ser razoável que um padre traga o princípio dessa contabilidade divina para o dia-a-dia. O frei Pacioli recomendava aos comerciantes introduzir símbolos cristãos aos seus livros contábeis como forma de legitimar suas atividades de busca do lucro. Para ele a contabilização era como o processo de confissão, onde o cristão apresentava todas suas atividades, de forma detalhada, para Deus, de maneira que se pecados houvessem eles pudessem ser perdoados.

Além de sua contribuição para a ciência da contabilidade, foi Pacioli quem propôs o problema que deu origem à Teoria da Probabilidade: como dividir o resultado de um jogo que foi interrompido no meio? Sua tentativa de resposta estava errada, mas só em 1654 o filósofo e matemático francês Blaise Pascal, em correspondência com o colega Pierre de Fermat, conseguiu propor uma resposta adequada, que se tornou o fundamento para a Teoria da Probabilidade.

Assim como Fibonacci, sua carreira se encerrou no auge. Foi indicado em 1514, diretamente pelo papa, para a posição de professor de matemática na Universidade de Roma -"Sapienza".

Adivinhe qual foi o papa que indicou seu nome para essa posição? O mesmo Leão X, o Médici da indulgência combatida por Lutero.

O controle proporcionado pela contabilidade foi um ingrediente fundamental para que as viagens de descobrimento do século dezesseis, e o subsequente desenvolvimento econômico, tivessem ocorrido, tendo Pacioli publicado "Summa" dois anos antes de Colombo descobrir a America.

De acordo com Pacioli, o método de contabilização possibilita uma avaliação contínua de qualquer projeto ou negócio, permitindo mudanças de rumo necessárias. Como ele dizia: onde não existe ordem, existe confusão.

Pelo método, temos de um lado bens e direitos que são considerados ativos, que foram financiados, de outro lado, com obrigações para com outros, chamado de passivo, ou com o capital próprio, também conhecido como patrimônio líquido. Conseqüentemente, dentro da visão de equivalência e simetria, o total de ativos deve  ser igual ao total do passivo mais o patrimônio líquido. Pacioli recomendava que as pessoas não deviam dormir antes de ter certeza de que seus ativos estão iguais aos seus passivos mais o patrimônio líquido; isto é: saber sempre como o que você tem foi financiado.

Para que essa equiparação exista, cada transação financeira deve ser registrada em pelo menos duas contas, usando-se sempre o conceito de crédito e débito: ao entrar um recurso gera-se um débito, ao sair um recurso gera-se um crédito.

Três principais relatórios são produzidos pelo método: balanço patrimonial, demonstrativo de lucros e perdas, e fluxo de caixa.

Balanço, que, baseado no raciocínio de equilíbrio, não deve 'balançar', é uma fotografia dos ativos, o que se possui, passivos, o que se deve, e patrimônio líquido, a diferença entre o que se possui e o que se deve, em determinado momento. Ativos, dentro desse conceito, pode ser dinheiro em banco, investimentos, equipamentos, e imóveis, enquanto Passivos seriam empréstimos, impostos a pagar, e obrigações ou compromissos financeiros em geral.

Ao se abater do que se tem tudo que se deve, se obtém o patrimônio, que em seu próprio nome já se define como "líquido", com o significado de diferença. Balanço reflete os saldos de transações realizadas no passado.

O demonstrativo de lucros e perdas reporta o resultado da diferença entre as receitas obtidas e os custos / despesas incorridos em um determinado período, gerando, como o nome indica, lucro ou perda obtido(a) com as transações. Esse resultado financeiro segue uma perspectiva econômica, ajustando os dados para refletirem melhor os eventos referentes somente ao período; isto é: busca-se assumir somente a parcela associada ao impacto no período de investimentos, adiantamento, ou compromissos a prazo.

Já o relatório de fluxo de caixa reporta as transações conforme ocorrem, de forma sequencial, e sem ajuste, como no controle de uma conta bancária através do talão de cheque. Reporta os fatos, seguindo as transações realizadas, na mesma linha do cálculo de custo-benefício de Fibonacci.

Toda essa estruturação visa entender, acompanhar, avaliar, e controlar as transações realizadas no passado. A contabilização do que aconteceu e a razão do porque aconteceu são as bases do sistema de dupla entrada.

As interações entre os relatórios, seguindo a realidade das operações comerciais, acontecem em fluxo contínuo, de tal maneira que 'fotos' estáticas de determinados momentos têm que ser conectadas com novas fotos tiradas em outros períodos de forma a que uma narrativa histórica que faça sentido emerja e possa gerar conhecimento e aprendizado.

O que possuímos está em constante fluxo, não existe equilíbrio permanente e a re-avaliação é constante. Sobre esse ângulo, é importante entender que o saldo final é sempre igual a um saldo inicial mais entradas, e menos saídas. Estamos sempre acrescentando ou consumindo valores ao longo do tempo. Essa é uma fórmula simples, mas fundamental que chamaremos de 'fluxo de valor':

Fórmula do 'fluxo de valor':

Saldo final = saldo inicial + entradas – saídas

O valor está sempre em fluxo. Essa fórmula facilita a identificação dos problemas com os valores do passado, da incorporação de valores sendo feita no presente e dos riscos dos valores deixados para o futuro. Em muitos momentos ficamos com estoques baixos ou altos demais, ou enfrentamos situações onde, desequilibradamente, saídas são maiores do que as entradas.

Como implícito na fórmula, se entradas forem consistentemente maiores que as saídas, o saldo aumenta. Se as saídas forem consistentemente maiores que as entradas, o saldo diminui e poderia ficar negativo. Saldos negativos de um indivíduo pode ser equilibrado pelo saldo positivo de outro indivíduo, através de um empréstimo ou investimento, desde que existam incentivos em fazê-lo de ambas as partes.

Se essas saídas são para consumo imediato, sem perspectiva de retorno de longo prazo, são consideradas despesas (fixas) ou custos (variáveis).

Se essas saídas são alocadas visando um retorno futuro, são consideradas investimentos.

Se essas entradas não estão vinculadas a compromissos assumidos de médio/longo prazo, são definidas como receitas. Se elas estão associadas à repactuação futura, têm a conotação de empréstimo ou venda da participação em investimento.

O controle e acompanhamento desse fluxo, portanto, é essencial, não só em relação às receitas, mas particularmente quanto à perspectiva de despesa, custo e investimento.

Numa visão filosófica, podemos resumir numa frase atribuída ao chinês Lao Tzu: 'para se obter conhecimento adicione algo todo dia; para se obter sabedoria elimine algo todo dia'. Embora adicionar seja mais fácil e eliminar seja mais impactante, precisamos trabalhar focadamente tanto no front do conhecimento quanto no da sabedoria.

Para exemplificar numericamente uma contabilização completa, vamos assumir que temos 1.000 moedas e compramos o título de um ano mostrado anteriormente, quando discutimos sobre títulos de renda fixa, que custava 900 moedas. Ficamos, portanto com 100 moedas em caixa. A 'foto' dessa situação está refletida no balanço no início do ano mostrado na próxima página. Durante o ano gastamos 60 moedas e resolvemos ao final do ano comprar uma casa que custa 2.000 moedas, e para que isso possa acontecer pegamos um empréstimo de 1.000 moedas no banco.

Nesse cenário, meu fluxo de caixa teria que mostrar todas as moedas que entraram e saíram do nosso bolso ao longo do período, que seriam as entradas do resgate do título, do pagamento de juros do mesmo, e do novo empréstimo, assim como o desembolso das despesas e do valor pago pela nova casa. O valor liquido, de tudo isso, dá uma necessidade de caixa adicional de 60 moedas.

Já o resultado de Lucros e Perdas, demonstrando quanto ganhamos ou perdemos durante o período, mostra um lucro de 50 moedas, pois recebemos 100 de juros e gastamos 40. O processo de compra da casa, de obtenção de empréstimo, e de resgate de título são investimentos e obrigações de longo prazo, que só afetam o resultado do período quando geram receitas e custos relacionados ao período sob análise.

Balanço (do início do ano) em Moedas			
Ativo		Passivo	
Caixa	100	Patrimônio Líquido	
Título	900	Capital próprio	1.000
Total	1.000	Total	1.000

Ao final do ano, se tiramos uma nova 'foto' do que temos e do que devemos, seguindo o fluxo das transações efetuadas vemos que nosso ativo total aumentou, pois além do lucro que tivemos, agora compramos uma casa. No entanto, passamos a ter

Fluxo de caixa (no ano)	
Resgate do título	900
Juros recebidos	100
Empréstimo	1.000
Entrada no caixa	2.000
Compra da casa	-2.000
Despesas	-60
Saída do caixa	-2.060
Variação no caixa	-60

Lucros e Perdas (no ano)	
Receita de juro	100
Despesas	-60
Lucro	40

Balanço (do final do ano)			
Ativo		Passivo	
Caixa inicial	100	Empréstimo	1.000
Variação no caixa	-60	Patrimônio Líquido	
Caixa final	40	Capital inicial	1.000
		Lucro no ano	40
Casa	2.000	Capital final	1.040
Total	2.040	Total	2.040

uma obrigação, que é o empréstimo feito.

A grande vantagem da contabilização é a visualização de forma organizada e padronizada, do fluxo de transações e compromissos assumidos, possibilitando acompanhamento, comparação, controle e análise. Com ela reduzimos a complexidade e evidenciamos o emprego e a limitação de recursos existente, permitindo a formalização e construção de uma memória institucional das transações, que é facilmente comunicável. Segundo o poeta alemão Goethe a contabilidade foi 'uma das mais belas descobertas do espírito humano'; portanto, existe até mesmo poesia em créditos e débitos, quando apresentados de maneira racional.

Dizem, no entanto, que contabilidade se assemelha a um biquíni: o que revela é interessante, mas o que esconde é vital. Seguindo a formalização contábil, saberemos o que fizemos, mas nunca teremos, no entanto, certeza do que temos, pois tudo depende de valorizações e dependências, vinculadas a percepção do futuro. Sendo uma visão do que aconteceu, é uma perspectiva de 'retrovisor', de como as transações foram administradas no passado.

Já sob uma perspectiva de análise, também pode ser considerada incompleta, pois descreve apenas um cenário: aquele que aconteceu, deixando de fora toda uma gama de possibilidades que não vieram a acontecer. Isso traz implicações quando se olha para o futuro. Como lidar com o que ainda está para acontecer? Como enfrentar a incerteza?

O ovo de Colombo

Tão difícil quanto colocar um ovo em pé é a tarefa de se enfrentar a incerteza de maneira racional.

Quando se trata do passado, temos boa referência, histórico e ferramentas, mas decisões tomadas no presente se referem a possibilidades futuras; voltadas para algo que ainda irá acontecer. A não ser em situações de razoável estabilidade, o futuro não repete exatamente o passado.

Um bom exemplo de alto grau de incerteza e de um projeto arrojado, tentando explorar o futuro, foi o processo de 'descobrimento' da América.

Podemos utilizar levantamentos históricos e estudos realizados sobre a primeira viagem de mais um italiano, Cristovão Colombo, isoladamente, como pano de fundo para entendermos vários conceitos financeiros. Como Colombo conseguiu colocar seu ovo financeiro em pé?

Financiado pela coroa espanhola, em 3 de agosto de 1492 Colombo partiu da Espanha com três caravelas e 90 homens com o objetivo de buscar um novo caminho marítimo para as Índias.

O primeiro ponto que chama naturalmente a atenção de todos nesse projeto é o fato de que o nível de incerteza era tão grande que se mirou um objetivo e alcançou-se outro. Como pôde um projeto tão ousado dar tão errado e tão certo ao mesmo tempo? Como ocorreu a 'venda' e convencimento desse projeto para os financiadores?

Colombo, um genovês, que viveu muitos anos em Portugal, tendo se casado com uma portuguesa de origem nobre, teve como primeiro alvo, com potencial de financiar sua viagem, o Rei português João II. Portugal, na época, era a principal força de exploração naval. Sua proposta de cruzar o oceano Atlântico, embora, incerta e baseada em pouca evidência prática, tinha um grande atrativo para eles. Caso fosse possível se descobrir um novo caminho para as Índias, principalmente um marítimo onde Portugal exercia hegemonia, ao mesmo tempo em que se quebraria o monopólio controlado pelos muçulmanos por terra se abriria a possibilidade de criar seu próprio monopólio marítimo, devido à maior velocidade e capacidade das caravelas como meio de transporte. Daqui se extrai uma lição importante: o que se busca, do nosso 'lado da mesa' é sempre se ter o monopólio, controle da negociação sem concorrência, ou pelo menos com muito pouca, enquanto o do outro 'lado da mesa' buscamos o máximo de alternativas possíveis, o inverso do monopólio, concorrência absoluta. Existe muito valor associado tanto na busca do monopólio, que nos garanta o direito, mas não a obrigação de fazer algo; isto é: opção através do poder de barganha, quanto na garantia de concorrência entre nossos fornecedores, que também nos proporciona a opção de mudança de fornecedor a qualquer momento, com baixo custo. Como veremos mais adiante, opção tem valor.

Apesar da forte oposição dos conselheiros reais, que possuíam um melhor conhecimento de geografia, o projeto só foi completamente descartado pelo rei por outro conceito financeiro básico. Em dezembro de 1488, o navegador Bartolomeu Dias, considerado morto após quase um ano e meio desaparecido, ressurgiu de sua viagem exploratória confirmando ter sido capaz de fazer a volta no extremo sul da África, dobrando o cabo da Boa Esperança. Dessa maneira o rei não precisava de outra opção, com o custo de oportunidade mais caro; isto é: entre uma rota conhecida, e reconhecida por todos como viável, e outra que ainda era pura especulação, ele optou por explorar a mais segura: a que tinha o custo mais baixo, e menor risco. Ao analisarmos um projeto, temos sempre que o comparar com a melhor alternativa disponível, em termos de custo, benefício e risco; isto é: avaliarmos o custo de oportunidade, o custo de algo que estamos abrindo mão para realizarmos esse projeto. Custo de oportunidade equivale ao famoso Plano B.

Já os reis da Espanha, Ferdinando e Isabela, ao contrário, para que se mantivessem na competição tinham que arriscar, pois estavam atrás. Contudo, apesar do interesse da Espanha, a venda do projeto feita por Colombo foi muito difícil.

Ele levou um ano para ser recebido pelos reis, e sete obsessivos anos para convencê-los do projeto. Existia dúvida não somente pela natureza especulativa da proposta, e natural oposição dos especialistas da época, mas principalmente pela demanda pessoal considerada excessiva pelos reis.

Nesse ponto é importante entender a diferença entre valor e preço. Valor é a percepção do que se obterá e preço é o custo que se paga para se conseguir esse valor. Para a coroa espanhola o valor estaria na abertura de uma nova rota comercial inexplorada, mas a que preço?

Colombo pediu a participação de 1/10 das riquezas que fossem transacionadas como resultado da viagem e que fossem concedidos os títulos perpétuos de Almirante do Oceano, Vice-Rei e governador das Índias. A pedida foi considerada alta, e o assunto só foi resolvido, mais uma vez, com a aplicação do enfoque financeiro, sendo que agora de maneira favorável à Colombo. O Tesoureiro da Coroa, Luis de Santángel, interviu argumentando com os reis de que o pagamento de 10% era contingente ao sucesso da empreitada, representando com custo variável: se a viagem fosse um fracasso nada seria pago, e de que, embora pretensiosos, os títulos não tinham custo. Caso fosse um sucesso o custo de Colombo seria proporcional à riqueza que traria para a coroa. A questão central, portanto, era o custo fixo do empreendimento, que poderia, no caso de fracasso, ser jogado fora. Sobre esse ângulo o Tesoureiro também foi bem criativo e conseguiu financiadores, numa estrutura similar à venda de um título desenvolvido pelos Medici. Conseguiu alguns investidores privados que compraram títulos da coroa espanhola, oferecendo como garantia a potencial riqueza que estaria por vir. Os reis reverteram sua decisão e deram o ok para o projeto.

Como bem sabemos, por experiência pessoal, o primeiro passo a ser dado quando se decide fazer uma viagem é planejar. Quanto tempo vai levar? O que iremos precisar? Quanto vai custar?

Em Finanças, planejar significa orçar: imaginar quanto custará e qual benefício trará. Apropriadamente, o verbo orçar tem sua origem na terminologia marítima, significando dirigir a proa na direção do vento. Das tentativas dessa difícil operação teria vindo o sentido de calcular por alto, aproximadamente, fazendo uma estimativa.

Planejamento é o processo de formalização de uma estratégia: busca mapear de onde se está saindo e para onde se quer ir, de maneira a viabilizar esse percurso. Orçamento transforma esse planejamento em números, quantificando premissas, expectativas e alternativas. Não é uma previsão no sentido restrito do termo, pois sendo o futuro incerto naturalmente qualquer cenário traçado necessariamente não acontecerá exatamente como orçado. No entanto, ao se especular sobre possíveis cenários e ao se aprofundar nos detalhes não só se aprende, e consequentemente se prepara para reagir de forma rápida, como se identifica melhor quais são as variáveis chaves para o sucesso ou fracasso da operação, seja ela qual for. General Eisenhower, na época comandante das forças aliadas na segunda guerra mundial, resumiu bem essa visão quando discutia as incertezas envolvidas na invasão do dia D: "planos não são nada; planejamento é tudo".

Como os recursos são sempre limitados devemos decidir de antemão como serão alocados de forma a alcançar o maior retorno esperado, posto que os gastos de investimentos feitos hoje são certos, buscando retornos incertos que só virão amanhã. A questão, portanto, é a de como levantar e alocar recursos agora, de forma a explorar a expectativa de valor potencial futuro.

Como a realidade é complexa, incerta, e temos recursos limitados, isso envolve definir um modelo aproximado dessa realidade. Planos estratégicos e orçamentos são modelos da realidade que se está tentando enfrentar. Eles nos ajudam a coordenar esforços, organizar recursos, avaliar alternativas, e mapear cenários. Esses modelos, estruturados no formato de planos estratégicos, têm que ser baseados em premissas simplificadoras que nos permitam lidar com a complexidade inerente aos problemas reais, por mais básicos que sejam.

Temos que especificar uma estrutura de receitas esperadas, de expectativas de custos, de passivos financiadores, de ativos necessários, tudo coordenado em forma de modelo. Ao testá-los contra fatos e evidências os vínculos mais fracos de suas premissas são expostos. Quando eles demonstram ser insatisfatórios, nós os modificamos revendo-os e adaptando-os, assim gerando um novo modelo mais atualizado. Modelos da realidade são, por natureza, imprecisos.

Como o que acontece é único, enquanto o que poderá acontecer é infinito, podemos definir vários cenários possíveis e interessantes, que servirão como guia ou meta, contendo compromissos contingentes, mas a incerteza sempre continua. O controle não será completo, mas acompanhamento de variações, através de indicadores de performance, possibilitarão avaliações, acertos de rumo, adaptações e aprendizados. Qualquer projeção, por mais simples que seja, é melhor do que nenhuma, pois orçamento não é previsão, mas sim referência.

O processo de planejamento, portanto, sempre deve existir, a questão é quem está fazendo esse planejamento? Alguém sempre terá que estipular o modelo, definir um orçamento, estimar valor, fixar preços. É melhor, em última instância, que o orçamento seja nosso, que nós entendamos e concordemos com o modelo e com o plano associado.

Colombo teve seu plano estratégico baseado no modelo de realidade que assumiu, assim como os reis da Espanha tiveram o deles. O projeto da primeira viagem de Colombo também teve seu orçamento. Entre degredados e marinheiros, foi enviado pelo governo espanhol um Controler financeiro do projeto, chamado Rodrigo Sanchez. Seu papel durante a viagem foi de auditor da coroa, garantindo que os recursos e os ganhos estariam sendo empregados de acordo com o contrato entres as partes, seguindo o plano estratégico-financeiro traçado.

Após sete meses de viagem, quando só não foi jogado ao mar pela tripulação por ser o único que sabia o caminho de volta, Colombo retornou com duas caravelas, sem ter encontrado o caminho para as Índias e sem trazer a riqueza esperada. A maior das caravelas, Santa Maria, bateu em um recife e sua madeira foi usada para construir uma fortificação chamada de La Navidad, na ilha de Hispaniola, hoje São Domingos e Haiti, na América Central, onde ficaram 39 homens com o intuito de colonizar a região. Logo após terem sido deixados em terra, todos foram mortos e a colônia queimada. Pode se dizer que, nesse 'dilema do prisioneiro', houve uma total falta de confiança por parte dos índios. Talvez os colonos não tenham conseguido demonstrar de forma adequada o potencial de benefício mútuo existente.

Em uma primeira análise, poderia se pensar que a viagem foi um tremendo fracasso, já que não só o objetivo proposto não foi alcançado, como nenhuma riqueza significativa foi trazida de volta. Contudo, a imaginação dos monarcas espanhóis foi estimulada a tal ponto pelo potencial que vislumbraram, que imediatamente decidiram financiar uma nova expedição, agora com 17 caravelas e mais de 1.200 homens. Eles perceberam que o valor não está no passado nem no presente, mas no futuro.

Nesse período, além dos portugueses, Henrique VII, rei inglês, também ficou interessado nas riquezas existentes no outro lado do Atlântico. Em 1496 ele autorizou um veneziano chamado John Cabot a explorar qualquer terra encontrada em nome do reino inglês. Cabot financiou por conta própria todo o empreendimento e pelo direito de monopólio real se comprometeu a repassar para a coroa um quinto do encontrasse. A expedição de Cabot foi um fracasso completo, pois ele se perdeu no mar.

Como fica realçado no projeto da primeira viagem de Colombo, e nas experiências posteriores, os custos são certos, representado pelo preço pago, mas o valor advindo das receitas futuras incerto. Sabemos de antemão aproximadamente o que vamos gastar, mas não temos segurança do valor que iremos receber, quando iremos receber, e até mesmo se iremos receber.

Todavia, custos podem ter características de investimento, abrindo a possibilidade de outras receitas futuras. Essas receitas adicionais podem assumir formas não antecipadas e distribuição ao longo de vários períodos.

Realçando o profundo impacto da incerteza, no final esse foi um fracasso que resultou em um dos maiores sucesso da história, sob diversos ângulos. Não se achou o caminho para as Índias, mas se descobriu um novo rico continente. Não se obteve, inicialmente, ouro ou as especiarias imaginadas, mas posteriormente o ganho foi infinitamente superior ao que se planejava. Colombo não se tornou um bem sucedido vice-rei, mas entrou para a história por sua ousadia e descoberta, apesar de seu modelo estar completamente errado. A crise se tornou uma grande oportunidade. Colombo colocou o ovo em pé, sem saber como.

Esse contexto nos leva a duas digressões adicionais.

Primeiro é em relação à diferença entre erros de omissão e de comissão.

Quando se repete o que é antigo e sabido, não se erra, mas não se aprende, e, consequentemente, não se evolui. Quando se tenta algo novo se está sujeito automaticamente a algum tipo de erro, mas com potencial aprendizado. Ao evitar o novo, não se arriscando, evita-se o erro de comissão, mas comete-se o erro de omissão. Erros de comissão são únicos e visíveis, contabilizáveis, erros de omissão são muitos e não aparecem no 'radar'. Indivíduos fogem de erros de comissão, pelos quais são julgados, e cometem consciente e frequentemente erros de omissão, que ninguém saberá, permitindo que mantenham o status quo. Já a sociedade, o coletivo, deseja que muitos erros de comissão sejam realizados, pois no mínimo conhecimento será gerado e aproveitado por outros, odiando os erros de omissão, que implicam em estagnação. Colombo cometeu um sério erro de comissão, que poderia ser fatal, mas não se omitiu, e, de certa maneira, obteve a recompensa histórica e social pela coragem e perseverança, embora elas beirassem a insensatez.

Um segundo aspecto que sua história realça é a influência do acaso e da capacidade no resultado final. Nossos objetivos visam sempre atingirmos resultados concretos, mas muitas vezes esses resultados são obtidos por influência externa e independente do nosso esforço, como no caso do 'descobrimento' da América. Sorte ou azar podem representar mais do que gostaríamos de reconhecer. Em Finanças nem sempre esforço necessariamente se traduz em resultado, podendo se transformar em custos desnecessários. A pergunta crucial, portanto, não é se somos sortudos ou não, mas sim o que fazermos com a sorte (ou o azar) que tivemos. Como sorte e azar são assimétricos, onde azar extremo e por muito tempo pode 'matar' ou pelo menos eliminar a possibilidade de futuro, precisamos estar preparados para aguentar os azares o tempo suficiente para eventualmente aproveitar o momento de sorte. Como bem demonstrou Colombo, os únicos erros dos quais se pode aprender e se beneficiar são aqueles dos quais se sobrevive. É essencial se garantir um bom retorno sobre o fracasso e aprender a errar para a frente, como forma de se manter a esperança de sucesso no futuro.

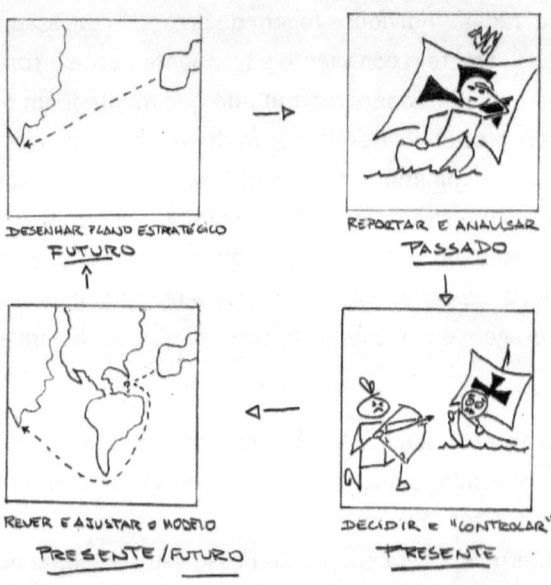

Dentro dessa perspectiva, o planejamento estratégico-financeiro, como instrumento desenhado para refletir o conhecimento básico e aproveitar as oportunidades, requer flexibilidade, pois, devido à incerteza, ele não é previsão, ele é formalização de intenção. Alinhado com o método científico, o processo de planejamento se desenrola na seguinte sequência: desenhar um plano estratégico, visando o futuro (modelo); reportar e analisar o que realmente ocorreu no passado, revisando continuamente as premissas do modelo e a visão de futuro (aprender com variações); controlar, na medida do possível, o presente tomando as decisões que viabilizarão a visão de futuro que se deseja (agir baseada no aprendizado); periodicamente rever e ajustar o modelo (revisão do modelo baseado no feedback), se for o caso, nos levando a um novo ciclo. Busca-se isolar a influência do acaso e reconhecer que o resultado pode não ter sido alcançado diretamente, ou no momento esperado, tentando garantir que o processo gere, pelo menos, aprendizado, viabilizando resultados melhores e maiores mais a frente.

Outra história muito ilustrativa de Colombo ocorreu em sua quarta e última viagem à América. Enfrentando dificuldades com uma praga de cupins que afundou dois de seus navios, ele foi forçado a desembarcar na costa da Jamaica, onde uma inicial boa recepção dos nativos se converteu em hostilidade declarada, forçando à tripulação a ficar confinada nos navios sem mantimentos. Com a situação piorando ele lançou mão de um ardil explorando criativamente a informação que detinha contra a falta de conhecimento dos indígenas. Por possuir um almanaque com tabelas astronômicas, sabia que em três dias haveria um eclipse lunar. Convocou o cacique local e informou que os deuses estavam bravos com a situação e que se não recebessem suprimentos em três dias a lua iria desaparecer. Naturalmente no momento o cacique riu, mas voltou desesperado quando viu que a previsão havia se tornado realidade, concordando com qualquer condição que fizesse com que voltassem às boas graças dos deuses, algo que foi fácil para Colombo realizar. Com esse artifício de explorar a sensibilidade intuitiva com informações fundamentadas ele não só sobreviveu como nos deu a oportunidade de traçar mais um paralelo com o mundo financeiro. Aquele que tem um modelo financeiro baseado em fatos, bem ajustado ao ambiente, é o que sobrevive e progride, tendo uma vantagem competitiva. Esse é o conceito financeiro de arbitragem, que veremos em mais detalhe adiante: quando é possível se montar uma posição sem risco de perda a aposta torna-se um ganho certo.

Ao final da história, no entanto, apesar de todas as peripécias de Colombo o continente recebeu o nome de América, em homenagem a outro italiano, Américo Vespúcio. Ele também foi um navegador, e um dos primeiros a visitar o continente, sob bandeira portuguesa, mas diferente de Colombo, reconheceu imediatamente que não se tratava das Índias, e fez o marketing pessoal correto sobre o assunto, divulgando as informações que todos queriam ouvir.

Fechando o círculo de nossa história, Vespúcio foi amigo de Leonardo Da Vinci, trabalhou para os Medici em Sevilha, tendo participado do aprovisionamento de navios para a segunda e terceira viagens de Colombo. Foi de uma suposta carta que escreveu para Lorenzo de Médici, que segundo alguns historiadores até já havia morrido na época, intitulada Mundus Novus, que toda a fantasia sobre o novo continente se espalhou e os cartógrafos passaram a chamar o novo hemisfério do outro lado do oceano de América.

Piratas à vista

Assim como as viagens de Colombo, que foram bancadas pela coroa espanhola e alguns poucos investidores, toda a exploração da America foi realizada dentro de um conceito que em Finanças se chama de custo fixo. Paga-se um valor fixo pelo trabalho realizado para se viabilizar o empreendimento e o retorno residual do processo fica com o empreendedor. Aluga-se o capital de outros para viabilizar a empreitada. Basicamente contrata-se um empreiteiro. Navios mercantes da época atravessavam o oceano atlântico estruturados de uma maneira bem rígida: proprietários escolhiam um entre os marinheiros para assumir o comando do navio ou contratavam capitães experientes, que eram remunerados com uma parte fixa e uma participação nos lucros da viagem. Esses contratavam a tripulação a custo fixo pela empreitada. Para que o sistema funcionasse durante a viagem o capitão teria poderes ditatoriais, como forma de garantir o retorno bem sucedido do empreendimento. Dizia-se que só existiam duas possibilidades na viajem: obrigação e motim. A ordem dada pelo capitão era obrigação, a recusa motim.

Entre 1600 e 1700 outra forma de se explorar o comércio marítimo se desenvolveu em torno do Caribe. Devido à total falta de horizonte, em termos financeiros, e como reação à violência a qual eram submetidos pelos capitães, os marinheiros começaram a escolher a segunda opção e se amotinar, criando uma nova forma de organização: a pirataria. A crise dentro do navio se ampliou e se espalhou para o mar.

Ao contrário da imagem pouco lisonjeira perpetuada por Hollywood, os piratas montaram organizações muito sofisticadas, eficientes e adaptadas ao propósito e risco que se propunham a assumir. Merecem mais do que ninguém a classificação de crime organizado.

Para manter a tripulação coesa e motivada, os capitães dos piratas eram eleitos por maioria simples a cada viagem, com um voto por tripulante. Para se evitar abuso também se elegia um imediato, que ficava responsável pela logística e distribuição do que era roubado. Os piratas tinham grande controle sobre seus lideres, e a qualquer momento um dos dois poderia ser deposto caso não fizessem um bom trabalho. Não existia diferenciação de uniforme ou privilégios, e somente durante as batalhas o capitão exercia total poder. Cada navio tinha sua constituição própria, contendo direitos e obrigações, com regras claras em relação ao funcionamento, proibições, punições, divisão dos saques, etc. aceitas pela tripulação antes do embarque. Ironicamente, esses bandidos, e não os políticos, na realidade foram os precursores da democracia moderna.

Prêmios eram distribuídos por bravura e indenizações acertadas para feridos; algo próximo ao que veio a se tornar uma política de bônus e de seguro social. Eram extremamente disciplinados e a própria violência era calculada para se obter o melhor resultado possível. Para evitar exposição, batalhas gratuitas, e dano ao produto a ser saqueado, ao desfraldarem a bandeira da caveira a mensagem era curta e simples: ou se rendam e nada irá acontecer, ou resistam e todos serão eliminados.

Uma forma criativa de se acabar com o 'dilema do prisioneiro' e induzir a cooperação.

Nos navios a tolerância racial e sexual imperava, alguns deles chegando a ter de 25 a 30% de negros do total. A liberdade de expressão era defendida, e todos recebiam o mesmo tratamento, obtendo partes iguais na divisão do lucro. Em contrapartida a disciplina também era exigida de todos, e a imagem de bêbados e brigões, que temos hoje, é completamente distorcida. Dentro do navio honestidade era mantida com punições severas. A razão para esse comportamento era puramente financeira: numa viagem bem sucedida o pirata podia levar para casa o equivalente ao que ganharia em 40 anos como marinheiro. Como o empreendimento era fora da lei e violento, pirataria requeria ação coordenada e muita confiança mútua.

Enquanto os ataques se restringiram aos navios espanhóis a pirataria prosperou, mas quando os negócios se expandiram aos interesses britânicos e franceses a reação foi devastadora, e essa inovadora e contraditória experiência chegou ao fim. Eles vieram a sofrer a competição desleal de corsários que ao contrário dos democráticos piratas eram ladrões do mar que contavam com uma carta de corso. Essa carta era uma autorização do rei ou rainha para saquear navios ou capturar embarcações piratas. Monopólios nunca medem esforços para acabar com a livre iniciativa.

Durante esse período, portanto tivemos dois modelos de negócio naval: o de marinha mercante tradicional, e sua versão bandida chamada de corsário, onde os navios eram de propriedade de investidores que financiavam a viagem, e o dos autênticos piratas que se apossavam dos navios para exercer suas atividades.

No caso da marinha mercante corsária, os investidores enfrentavam o problema de segregação entre 'principal e agente': uma vez saído do porto, todo o investimento feito deixava o controle dos investidores, passando à responsabilidade de agentes. Pela definição, agente é aquele que tem um poder delegado e age em nome do principal, sendo o principal aquele cujo objetivo deve ser alcançado. No caso do 'descobrimento' da América teríamos Colombo como agente e a coroa espanhola como principal.

Infelizmente os agentes invariavelmente sabem mais sobre o que está acontecendo do que os principais e podem perseguir seus próprios interesses com efeito destrutivo, sob o prisma do principal. Analisando dentro da abordagem do dilema do prisioneiro teríamos assimetria de informação entre o participante agente e o participante principal, de maneira que para se perseguir um interesse comum incentivos e motivações teriam que ser estruturadas. Quanto mais agentes, e quanto maior a dependência desses agentes, maior o custo e chance de prejuízo ao final. Daí a estrutura de remuneração diferenciada do capitão, sua concentração absolutista de poder, e a violência punitiva no exercício desse poder. Esse é o mesmo problema que enfrentamos ao contratarmos terceiros para cuidar dos nossos interesses. Infelizmente ou felizmente não podemos dar chibatadas quando nossos interesses não são defendidos pelos agentes que contratamos. No entanto, como vimos nos primeiros capítulos, o progresso veio de forma substancial somente quando dividimos o trabalho e nos especializamos. O estabelecimento de mercados, por exemplo, nos permitem mudar de agentes e pela reputação os mesmos sofrem as consequências de seus atos no longo prazo. Cooperação, confiança e comércio são inevitáveis. Pelo sistema de contratação e pelo mercado, alugamos o trabalho de outros e temos o nosso trabalho alugado o tempo todo. Como quase sempre existe um problema de assimetria de informação, na qual o principal sabe menos do que o agente, uma estruturação lógica tem que ser posta em prática. Estão esses agentes cuidando mesmo dos nossos interesses ou somente dos deles? A estrutura de incentivo existente deve fazer com que a balança se equilibre entre agente e principal. Esse foi o problema que os Médici enfrentaram convidando os gerentes mais experientes e talentosos para serem sócios, assim como a coroa espanhola ao incluir um Controler Financeiro na expedição de Colombo, e, como veremos no próximo capítulo, os Rothschilds através do laço familiar. Já os piratas devido ao fato de terem sido agentes que abandonaram o contrato com o principal, criaram uma 'sociedade' ou parceria, uma estrutura peculiar onde não tinham que enfrentar esse problema, pois os barcos eram roubados, e o alinhamento de interesse era realizado através da constituição pré-acordada com cada membro da tripulação: agentes e principais eram as mesmas pessoas.

É importante sabermos que modelo estamos utilizando: o contratual ou o societário. Sendo o contratual, de que lado da mesa nós estamos: somos agentes ou principais. Estamos alinhados aos nossos principais ou precisamos alinhar nossos agentes?

Da mesma maneira nós nos vemos constantemente enfrentando a questão de delegar e confiar em agentes ou 'comandarmos nosso próprio navio'. 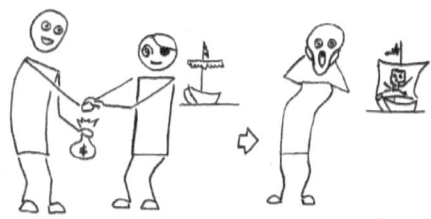 Comprar ou alugar? Fazer ou comprar pronto. Estamos alugando nosso capital ou alugando o capital de outros? Em determinadas situações vale a pena ser generalista ou especialista?

Crises são alimentadas pelo desdobramento da segregação entre principal e agente. Alinhamento de interesses e objetivos é a palavra chave e a estruturação financeira a forma de viabilizar isso; já que esse processo envolve percepção de valor, de risco e comunicação clara.

O racional financeiro para a estruturação da pirataria, e consequentemente para a criação do modelo societário, foi o da flexibilidade dos custos variáveis. O lucro obtido pelo empresário tradicional resultava da tentativa de correr o menor risco possível quanto à receita, mantendo seu custo fixo extremamente baixo. Como o aumento de receita é mais difícil e arriscado, a pressão sempre acaba se concentrando na redução de custo. Já a pirataria buscava o risco, embora calculado, sabendo que seu principal custo, a subsistência da tripulação, era proporcional ao ganho, num formato de sociedade participativa.

Esse mesmo conceito pode ser expandido para a decisão de financiar uma operação com um empréstimo ou com um sócio. Ao se pegar um empréstimo nós nos comprometemos com um pagamento fixo (juros), ficando o resultado residual como lucro: retorno do investidor. Esse é um formato alavancado: é uma aposta com grau de confiança grande. Tudo que ganharmos acima dos juros é nosso. Quando o risco é maior, e a margem de segurança menor, abre-se a possibilidade de se dividir o risco e o retorno, trazendo-se um sócio para participar do financiamento, num formato mais conservador. Deixamos de ter uma obrigação fixa, em troca de uma participação variável. Transferimos parte do risco para um sócio, assim como do ganho.

Quando estamos otimistas em relação ao futuro não queremos sócios dividindo o sucesso, preferimos contratar a custo fixo o recurso que nos falta, criando uma plataforma onde o ganho do acerto, após a remuneração acertada com os demais, reverterá para nós. Quanto mais incertos estamos sobre o projeto, mas inclinados ficamos para trazer novos sócios para o negócio, aceitando dividir o lucro do sucesso desde que possamos também compartilhar o prejuízo do fracasso. A dúvida quanto ao futuro, a incerteza, a complexidade, fazem com que a escolha recaia sobre uma estrutura de custo variável, que acompanhe tanto o sucesso quanto o fracasso. Conforme a incerteza e a insegurança aumentam vamos deixando de ser corsários para nos tornar piratas.

Esses são os dois modelos extremos de financiamento de empreendimentos: alavancado ou conservador. A composição entre os dois permite infinitas combinações.

Talvez fique mais fácil de entender graficamente.

Nos gráficos abaixo temos na linha horizontal as possibilidades de receita e na vertical os custos associados. Abaixo da linha mais escura está a possibilidade de receita incerta, e o custo total foi colocado abaixo da linha mais clara. Como vimos anteriormente, receita menos custo dá o lucro ou prejuízo da transação.

Na estrutura mais conservadora o custo fixo foi estipulado em 10 e o custo variável em 70% da receita. A diferença entre a reta da receita, e a do custo total, portanto, é o prejuízo ou lucro obtido em cada posição de receita de zero a cem. Caso a receita fique em torno de 30 atinge-se o ponto de equilíbrio onde a receita apenas cobre os custos. Nessa estrutura o custo fixo é baixo e o custo variável alto.

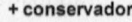
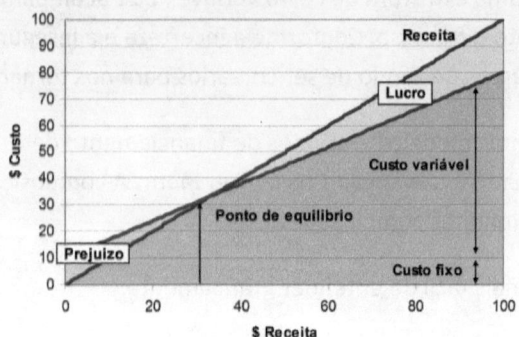

Já na estrutura mais alavancada, embora o ponto de equilíbrio fique ainda próximo do obtido no cenário conservador, devido ao fato do custo fixo passar de 10 para 30, enquanto o custo variável se reduz para 10% da receita, os riscos de um prejuízo maior ou de um lucro maior aumentam. A aposta fica mais alta.

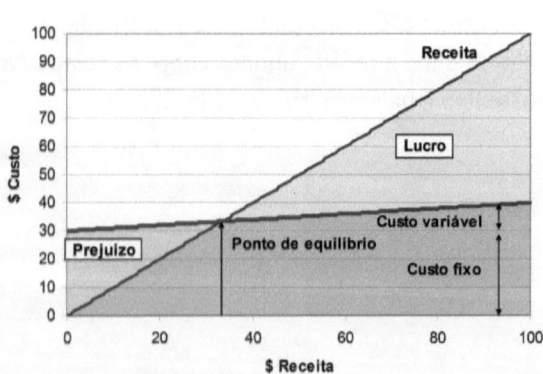

Assim como na ausência total de confiança a crise se instala, uma economia se torna vulnerável a um colapso se a participação de estruturas alavancadas (mais 'empréstimo' – custo fixo - do que capital próprio – custo variável) se torna predominante. Isso torna o sistema extremamente frágil à incerteza.

Podemos resumir os dois conceitos em um único gráfico que apresenta o impacto de lucro ou prejuízo de acordo com o nível de receita obtido.

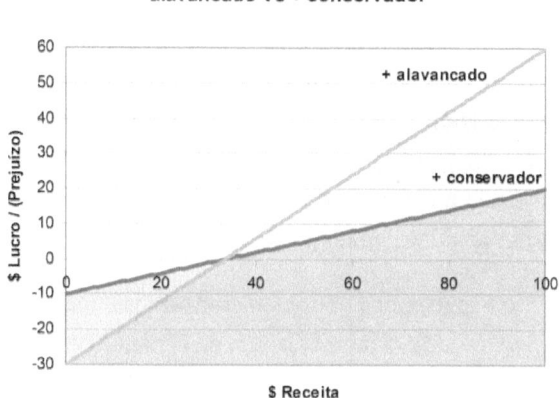

O modelo mais conservador, que minimiza o prejuízo reduzindo o potencial de lucro, foi utilizado pelos piratas de maneira a que o grande risco do crime fosse diluído entre os sócios da empreitada. Já os empresários marítimos adotaram o modelo mais alavancado, onde a possibilidade de lucros significativos compensa o risco de prejuízos impactantes, daí seus esforços para manter o custo fixo baixo e o constante (e violento) alinhamento de interesses.

Aplicando-se esses conceitos à perspectiva de crise, podemos dizer que enquanto a confiança está em alta investe-se em plataformas de crescimento, de custo fixo, em busca de alavancagem, de economia de escala, se endividando no processo. Fábricas são construídas, funcionários são contratados, projetos são realizados e o consumo é adiantado no tempo. Quando a insegurança e a incerteza batem, começa-se a temer a 'deseconomia de escala'. A plataforma fica cara, tendo em vista a receita estimada. Inicia-se uma corrida para se desfazer desses investimentos fixos ou ao menos para se atrair novos sócios e assim dividir o risco crescente. Foge-se do fixo e busca-se o variável. Adia-se o consumo, investimento e contratações e a crise se auto-alimenta, concretizando a profecia e por tabela, da noite para o dia, nos tornamos piratas. Toda essa fase de crise só será revertido quando a percepção voltar a ser de oportunidade e de confiança; quando se alcançar o fundo do poço, momento no qual a plataforma de custo fixo passa a se tornar atraente novamente, e o ciclo recomeça.

Esse mecanismo explica porque hoje encontramos a maior operadora de logística naval do mundo, Maersk Group, na Dinamarca, e bandos de piratas no Sudão. A estabilidade atual dos herdeiros genéticos dos Vikings os levou à plataforma fixa, refletindo a estimativa de baixa incerteza, onde a estratégia pode ser alavancada, enquanto a extrema turbulência social dos africanos os conduziu inevitavelmente para a estratégia conservadora de custo variável, num ambiente extremo e de alto risco do tudo ou nada.

Podemos concluir de maneira mais genérica de que se estão nos chamando para ser sócio de algo é porque a percepção de risco é grande. Talvez não seja algo de estrutura criminal como na pirataria, mas arriscado ao ponto de se sacrificar uma boa parte do potencial de ganho para minimizar esse risco.

É difícil não deixar de notar humoristicamente, que a estrutura da pirataria, nosso modelo de crime organizado, é muito similar ao adotado pelos escritórios de advocacia, empresas de consultoria, e bancos de investimento nos dias de hoje. Expandindo essa metáfora, cabe também aos políticos a obrigação de aperfeiçoar a democracia, herdada dos antepassados piratas, que de certa maneira, foram um dos primeiros a praticá-la de forma mais abrangente e pura.

Em suma

- ✓ A representação matemática estruturada facilita o entendimento de Finanças.

- ✓ Sucesso financeiro vem da identificação e exploração de oportunidades únicas, na capacidade de dar a volta criativamente nas limitações, e manter o foco irrestrito nos objetivos.

- ✓ Valor do juro é inversamente proporcional ao valor do investimento/empréstimo.

- ✓ Não podemos nos iludir. Assim como qualquer negociante, um banqueiro visa alto retorno com baixo risco (paradoxo do banqueiro).

- ✓ Temos que saber, a todo o momento, quais são nossos passivos, nossos ativos, e nosso patrimônio líquido.

- ✓ Temos que acompanhar e analisar os fluxos de caixa e de receitas e despesas, mesmo que de forma primária.

- ✓ Temos que encontrar o equilíbrio entre ativos e passivos, entre receitas e custos, e entre recebimentos e pagamentos no tempo.

- ✓ Saldo final é sempre igual ao saldo inicial mais entrada e menos saídas.

- ✓ Valor é o que buscamos; preço é o que pagamos.

- ✓ O ideal é vendermos num monopólio e comprarmos num mercado competitivo.

- ✓ Para melhorar nosso resultado financeiro podemos ou aumentar a receita ou reduzir o custo: reduzir o custo é mais fácil por ser uma ação no presente, mas pode comprometer o futuro; apostar em mais receita futura, visando mais economia de escala, envolve mais risco. Temos que ter clareza na nossa posição e incluí-la no nosso modelo.

- ✓ Planejemos o futuro e orcemos valores, baseados em uma estratégia. Não como previsão, mas como preparação e aprendizado para se enfrentar o futuro.

- ✓ Qualquer modelo, por mais simples que seja, é melhor do que nenhum.

- ✓ O foco deve estar no processo e nas premissas, não na precisão da previsão em si.

- ✓ Tão importante quanto o que se faz é o que se deixou de fazer: analisemos sempre o custo de oportunidade existente.

- ✓ Qual é o nosso Plano B? Qual é a melhor alternativa para a proposta que estamos analisando?

- ✓ Temos que ter clareza na posição que assumimos e incluí-la no nosso modelo da realidade. Devemos revisá-lo, modificá-lo e atualizá-lo, incluindo contribuições de outros, mas no final o modelo tem que ser nosso.

- ✓ Devemos ter consciência do problema recorrente de segregação entre 'principal e agente', e alinharmos os incentivos especificados para os nossos agentes com nossos objetivos. Em vez de assumirmos de forma relaxada que tudo está ok, assumimos o comando.

- ✓ Temos que saber identificar e estruturar nossos custos entre fixos e variáveis de maneira a refletir o grau de risco (alavancagem financeira) que queremos correr individualmente ou dividir com terceiros.

- ✓ Devemos evitar alavancagem excessiva. O efeito exponencial dos juros compostos funciona melhor a nosso favor do que contra.

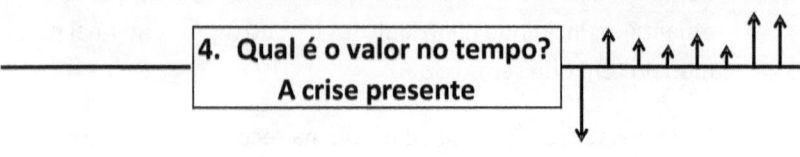

4. Qual é o valor no tempo? A crise presente

O valor está no futuro

Apesar da complexidade e incerteza, ou por causa delas, o valor está no futuro. É necessário trazer a expectativa de valor do futuro para o presente. Precisamos ter um modelo do futuro, e quanto mais coerente ele for melhor. Usualmente é mais fácil se prever o custo que será incorrido, não só pelo fato de se ter experiências anteriores como base, como também devido à natureza de alguns custos serem variáveis, acompanhando a queda ou subida da receita, ou controláveis, no sentido de que podem ser adiados, reduzidos ou aumentados, dependendo do surgimento de novas informações. Em muitas situações eles são incorridos de forma antecipada, enquanto as receitas são baseadas em expectativas relacionadas ao futuro, dependendo de variáveis influenciáveis, mas não controláveis. O investimento e seu custo associado são certos, mas a receita é incerta. Daí surge a principal questão financeira, que faz com que muitos gênios pareçam idiotas: como valorizar um investimento?

Quem não quer ser um milionário?

Saltaremos agora para o século XVIII, período do Iluminismo, para conhecer nossos próximos personagens. Vamos para a França de Luis XIV, o 'Rei-Sol'.

Durante seu longo reinado o país enfrentou diversas guerras e dificuldades financeiras, mas ele teve a sorte de ter ao seu lado como ministro, por mais de vinte anos, um contador chamado Jean-Baptiste Colbert. Ele não só utilizou os conceitos contábeis nas finanças públicas francesas como ensinou-os ao rei, presenteando-o periodicamente com uma miniatura do livro contábil real, de maneira que ele pudesse carrega-lo no bolso do cassaco, estando sempre pronto a discutir com qualquer ministro. Duas vezes no ano o monarca recebia esse livrinho com novos gastos, receitas, ativos e passivos, e podia acompanhar a situação financeira do seu reinado. Foi a primeira vez na história que um monarca sabia os conceitos básicos de contabilidade.

Essa experiência funcionou muito bem até a morte de Colbert. A partir daí, devido à propensão do rei para gastos megalomaníacos com o palácio e sua corte, além da continuidade das guerras, os livros passaram a mostrar de forma evidente o fracasso do rei como administrador. Isso o fez abandonar a contabilidade preferindo adotar o perigoso efeito tranquilizador da ignorância e de forma arrogante afirmou que o 'estado sou eu'. Ao morrer a dívida pública era nove vezes maior que a receita anual da França.

Tendo esse cenário de frustração e fracasso como pano de fundo surge a figura de um escocês chamado John Law. Ele revolucionou as finanças francesas, para o bem e para o mal, deixando históricas inovações econômicas e uma grande bagunça financeira. Talvez tenha sido, indiretamente, uma das pessoas que mais contribuiu para a o surgimento da revolução francesa. Se por um lado ele é o responsável pelo aparecimento da palavra milionário no vocabulário popular, pela criação do primeiro banco central, pelo pioneirismo no investimento em mercados emergentes e pelo uso de papel moeda no ocidente, por outro seu nome ficou profundamente associado à história das crises financeiras. Foi considerado o grande mago financeiro de seu tempo. Matemático e jogador brilhante, mulherengo, com uma personalidade aventureira, confiante e carismática, quando jovem teve que sair de seu país às pressas fugindo da prisão, onde havia sido condenado à morte pelo assassinato de um adversário em duelo. Viveu com uma bela mulher casada e se sustentou durante a juventude, após ter perdido a  herança do pai, jogando cartas. Segundo relato de seus contemporâneos "nenhum homem entendia melhor de números e de cálculos do que ele".

Após ganhar fama nas altas rodas da sociedade européia como jogador profissional e teórico financeiro, publicou um estudo chamado 'Dinheiro e Comércio: uma proposta para suprir a nação com dinheiro'. Nele Law explicou que o valor vem de sua raridade e não de seu uso. Foi um dos primeiros a formalizar o que hoje é conhecido como a 'lei da oferta e da procura'. Segundo ele "água é de grande necessidade, embora de pouco valor, porque a quantidade de água é muito maior que a demanda por ela. Diamantes são de pouco uso, mas de grande valor por que a demanda por diamantes é muito maior que sua quantidade disponível". Ele aplicou esse mesmo conceito para o dinheiro: "dinheiro não é o valor pelo qual o bem está sendo trocado, mas sim através do qual está sendo trocado; é um meio funcional de troca", "comércio e dinheiro dependem mutuamente um do outro; quando o comércio decai dinheiro desaparece; e quando dinheiro desaparece comércio decai". Segundo sua tese, que pode ser considerada moderna, levando em conta as propostas de economistas atuais, a única saída da espiral descendente seria o aumento forçado da circulação de moeda.

A grande oportunidade de aplicar sua proposta surgiu quando seu amigo, o Duque de Orleans, com a morte do tio Luis XIV, foi nomeado regente da França até que o jovem Luis XV atingisse a maturidade. Diante do cenário devastador deixado pelo Rei-Sol, o regente viu no brilhantismo e criatividade de Law uma possível saída indolor. Ofereceu-lhe a posição de ministro da economia e carta branca para aplicar seus conceitos revolucionários.

A proposta de Law se baseava nas seguintes premissas:

1) A atividade econômica poderia ser estimulada com o uso de papel moeda, ao invés das moedas de ouro e prata, pesadas e desacreditadas pela degradação de sua cunhagem, não sendo necessariamente preciso ser garantida por quantidade equivalente de ouro ou prata, mas apenas pela garantia real de sua convertibilidade;

2) Com a criação de um Banco Central privado, responsável pela emissão desse papel moeda, que concentraria também a coleta de todos os

impostos, do qual ele seria sócio, chamado de Banque Generale, a confiança voltaria;

3) Como forma de reforçar essa nova estabilidade, viabilizando o crescimento econômico, o governo poderia levantar recursos usando como base a venda de 'ações' de uma empresa semi-estatal, responsável pela exploração de possessões coloniais, do qual ele também seria sócio. A venda de ações dessa empresa poderia ser financiada pelo próprio banco, e com esse dinheiro a dívida pública seria reduzida, gerando um ciclo virtuoso;

4) Era permitida a troca de títulos do governo por ações (transformação de dívida em capital).

Law pode ser considerado o pai dos pacotes econômicos com o intuito de estimular a economia.

Como o nome indica, 'ações' são documentos dando direito ao possuidor de participar como sócio nos benefícios de determinadas ações que estão sendo tomadas, que gerarão benefícios futuros: sociedade no investimento em determinados empreendimentos. Ao se comprar ações, compra-se um percentual de participação nessa perspectiva de lucro futuro, que é pago através de dividendos. A palavra dividendo em matemática significa um número sendo dividido por outro, uma fração. De forma similar, em Finanças, ele representa o retorno advindo da divisão proporcional do fluxo de lucro disponibilizado para distribuição entre os sócios. Com um mercado estabelecido, essas ações podem ser vendidas para outras pessoas a qualquer momento, e seu valor flutua ao sabor da oferta e da procura, baseado na estimativa de pagamento dos futuros dividendos. Como Law descreveu em seu estudo, se muitos querem comprar e poucos estão vendendo o preço sobe e vice-versa. Como vimos anteriormente quando a incerteza é grande é melhor termos sócios, usando a estrutura de custo variável, e para isso temos que convencê-los de que o futuro é promissor.

Ao contrário de títulos públicos ou privados, considerados como renda fixa, por se basear na estrutura de custo fixo, onde o valor a ser resgatado e a data são especificados de antemão, ações são classificadas como ativos de renda variável, pois se sabe quanto foi investido, mas não de quanto será o retorno ou quando ele acontecerá, podendo inclusive não existir.

Law optou pela criação, em 1717, de uma empresa semi-estatal chamada "Compagnie d'Occident", mas que ficou conhecida popularmente como Companhia do Mississipi. Ela foi organizada com o intuito de ter o monopólio de todo o comércio e exploração do delta do Mississipi, possessão francesa nos Estados Unidos, três vezes maior que a França, englobando o que hoje são os estados americanos de Louisiana, Mississipi, Arkansas, Missouri, Illinois, Iowa, Wisconsin, e Minnesota, além de parte do Canadá. Posteriormente esse monopólio foi expandido incluindo também a comercialização com a China, quando o nome foi mudado para Companhia das Índias. Em sua abertura de capital a companhia assumiu parte da dívida da coroa francesa, através de uma transferência imediata de títulos públicos em ações.

Buscaram-se agressivamente sócios entre o povo francês, explorando o conceito de El Dorado; do potencial de riqueza existente naquele imenso território desabitado e misterioso. Todo esse apelo à imaginação seguiu o mesmo modelo traçado por Colombo e expandido por Américo

Vespúcio. O valor está na percepção de cenário futuro e na possibilidade única de participar do controle de um monopólio com potencial infinito: deixe de ser um 'marinheiro' e venha ser um 'pirata'.

Como a precificação das ações é baseada no fluxo de dividendos que essas ações pagariam aos seus proprietários, se o empreendimento fosse um sucesso, o lucro poderia ser imenso.

Ao contrário do investimento em títulos públicos, que é amortizado por pagamentos parcelado, se ele fracassar o valor poderia chegar a zero. O risco de investimentos de renda variável é maior do que em renda fixa, justamente por sua característica de reconhecimento contratual de sua completa variabilidade.

Na época existiam poucas ferramentas de avaliação, as informações eram escassas e concentradas, os controles contábeis eram fracos e sujeitos a influencia política, e o próprio conceito de empresa de capital aberto ainda estava em sua infância. Precisamos levar em conta que esse foi o período do início do método científico, quando decisões ainda eram baseadas em astrologia, magia e superstição, onde supostas bruxas eram queimadas vivas em eventos públicos.

O marketing, no entanto, já estava bem evoluído e foi muito bem feito. Dizem, maliciosamente, que marketing é a arte de convencer pessoas a gastar o que não tem para comprar algo que não precisam, de maneira a impressionar pessoas que não gostam. Law soube fazer muito bem a propaganda do projeto e com o forte interesse criado o preço disparou. Guiada por essa estratégia de marketing, a possessão foi batizada de Louisiana, em homenagem ao rei, e para a principal vila foi utilizado nome do regente, se tornando Nova Orleans. O furacão ainda estava por vir.

Em pouco tempo todos queriam ter uma participação nesse investimento 'maravilhoso' e no processo se tornar rico da noite para o dia. A confiança excessiva, alimentada pela necessidade de pertencer a um grupo exclusivo, além do desejo de não ser deixado para trás enquanto os vizinhos enriqueciam, fez com que os franceses assumissem riscos absurdos.

A compra das ações podiam ser parcelas e financiadas pelo banco. A frente de seu tempo, Law até emitiu opções sobre as ações, assunto que só trataremos no próximo capítulo. De estrangeiro aventureiro Law passou rapidamente a ter status de celebridade em Paris. Nobres faziam fila na porta de sua casa na esperança de serem recebidos e conseguirem acesso a informações ou ações. Ele teve que se mudar por diversas vezes para mansões cada vez mais afastadas e protegidas. Poesias eram compostas em seu nome e onde ia gerava alvoroço. Era a celebridade do momento.

Tudo funcionou enquanto existiu confiança no futuro. As ações chegaram a se valorizar 2.900% em quinze meses, muitos acionistas se sentiram 'milionários'. Esse foi o termo criado na França para descrever essa nova classe de ricos sem sobrenome nobre, até então inexistentes.

Infelizmente para essa nova classe assim que notícias vindas da colônia indicaram que lá só tinha um pântano, onde 80% dos primeiros colonos haviam morrido de fome ou doença a crise se instalou, e o ciclo de virtuoso se transformou em vicioso. Todos correram para vender ações de maneira a cobrir seus empréstimos, e ao fazerem isso mais o preço das ações caíam e mais empréstimos não eram pagos. O Banque Generale acelerou a emissão de papel moeda, gerando inflação. A economia francesa entrou em uma forte espiral descendente.

Em menos de quatro anos os 'milionários' faliram, incluindo John Law. Instalou-se uma mega crise. Dezenas de pessoas morreram esmagadas na porta do banco tentando trocar seu 'dinheiro' por algo de valor. A experiência com papel moeda foi abandonada, e passaram-se mais oitenta anos para que ele voltasse a ser adotado novamente na França.

Ao final, Law perdeu o cargo de ministro e a confiança do rei, foi exilado, morrendo na miséria, em Veneza. Felizmente para ele sua cabeça foi poupada e teve sorte de escapar com vida de varias situações de aperto, quando perseguido por populares na rua. Com a economia arrasada e o povo descontente as sementes foram plantadas para a revolução francesa de 1789, e sua temida e fartamente utilizada guilhotina.

Embora criativo, o esquema se fundamentava na percepção positiva e na confiança crescente do valor que viria do futuro. Quando as informações que existiam no presente não as suportaram mais, o colapso foi inevitável.

Por mais brilhante que Law tivesse sido, tanto nos aspectos político, de marketing, de carisma, e intelectual, no final das contas, o resultado vem sempre da percepção de risco e de retorno que as pessoas têm, baseada em experiências passadas e em informações do presente, em relação ao futuro de um empreendimento.

Olhando sob a perspectiva atual, no entanto, não nos parece absurdo uma valorização imensa por uma participação em mais da metade da América do Norte. Ser sócio de uma empresa que explorava sozinha o que veio a se tornar a maior potencia econômica mundial deveria sim, ter potencialmente um valor imenso. No final das contas tudo é uma questão de realização ao longo do tempo. Nosso modelo pode vir a estar certo, mas quando estará? Fica claro nesse exemplo que a variável tempo é muito importante em Finanças e precisa fazer parte de qualquer modelo de avaliação. As inovações que Law trouxe ao adotar o papel moeda, criar um Banco Central, acreditar na riqueza existente na America do Norte, desenvolver o mercado de ações como forma de financiamento, desmonstraram ao final, apesar de sua clarividência, terem surgido antes da hora. No reverso da fortuna, para a história elas ficaram associadas ao fracasso e a crise. Estar parcialmente certo antes da hora, em termos práticos, é até pior do que estar completamente errado.

Enquanto a maçã cai, a bolha sobe

Se John Law pode não ser realmente considerado um gênio na concepção atual da palavra, podemos lançar mão do estereótipo do gênio, Sir Isaac Newton, para convencê-lo de que o desafio de valorizar algo cujo valor está no futuro é extremamente difícil.

O homem que inventou o cálculo diferencial com apenas vinte e dois anos, para poder desenvolver suas teorias físicas baseadas na certeza e no determinismo, e um dos maiores nomes da ciência de todos os tempos, também teve seu momento de idiota ao tentar especular sobre o valor de uma empresa.

Poderia se imaginar Newton como sendo um cientista teórico, dispersivo como os estereótipos de intelectuais que temos hoje em dia, sem experiência de vida e perdido em especulações matemáticas. Essa imagem é condizente com o fato dele ter morrido virgem e de ter dedicado boa parte de seus esforços intelectuais à alquimia, sendo considerado pelo famoso economista britânico, John Maynard Keynes, colecionador de seus estudos místicos, como o "primeiro cientista e o último dos mágicos".

Pouco conhecido, no entanto, é o fato dele ter trabalhado com Finanças. Ele serviu por trinta bem sucedidos anos na posição equivalente a de um presidente do Banco Central da Inglaterra da época ("Master of the Mint"), responsável pela cunhagem, distribuição e controle das moedas. Moveu a Inglaterra do padrão prata para o padrão ouro e numa época quando ainda não existia investigação policial, impressão digital ou qualquer outro mecanismo científico utilizável para identificar falsificadores, ele perseguiu, achou, processou e condenou vinte e oito deles. Nesse período, como funcionário público, morou na Torre de Londres, local hoje conhecido por abrigar as joias da coroa britânica, mas que ficou famoso como prisão política e centro de tortura medieval. Sendo um alto funcionário, com pouca despesa, muita inteligência e ótimo relacionamento social, Newton conseguiu acumular uma riqueza considerável. Essa experiência, somada à sua capacidade excepcional, à sua metódica utilização da abordagem científica, e à sua fria racionalidade não o impediram de investir boa parte de sua fortuna em 1720 em ações da "South Sea Company", o equivalente inglês da Companhia do Mississipi fundada por Law.

Da mesma maneira que sua equivalente francesa, essa empresa era uma semi-estatal, formada na Inglaterra para explorar o monopólio de comércio com as colônias espanholas na América do Sul, como compensação por assumir a dívida inglesa com a guerra da Sucessão

Espanhola. Tinha, no entanto, duas grandes diferenças: sua principal atividade era o desumano suprimento de escravos para as colônias espanholas, e o risco era ainda maior devido às constantes guerras entre Inglaterra e Espanha, onde interrupções de negociações e imposição de tarifas eram constantes.

Na época da fundação da empresa suas ações foram distribuídas gratuitamente aos políticos e autoridades influentes, não só como forma de garantir avaliações favoráveis nas questões burocráticas governamentais como também marketing, ao mostrar que pessoas influentes estavam apostando no empreendimento.

O preço da ação subiu consistentemente desde que começou a ser negociada e ainda mais quando o parlamento britânico instituiu o que veio a ser conhecido como o "Bubble Act" (Decreto da Bolha), que forçou todas as empresas bizarras e aventureiras que tinham sido formadas na época, conhecidas como 'bolhas' por subirem cheias de ar, a se registrarem e conseguirem a aprovação das autoridades reais para sua negociação. Daí vem o termo de estourar a bolha, muito utilizado atualmente, em relação ao final de um ciclo de grande especulação sem base real.

Inicialmente Newton manteve seu grande ego contente ao ganhar muito dinheiro comprando as ações no seu lançamento e vendendo-as após uma valorização considerável. Todavia, o lado emocional prevaleceu e ele ficou tentado há ganhar um pouco mais. Possivelmente o fato de ver outras pessoas menos inteligentes lucrando, enquanto ele não estava o fez reconsiderar sua decisão. Recomprou as ações no auge do mercado, poucas semanas antes do valor das mesmas despencar. Descobriu que a queda de uma maçã não é nada comparada a queda de uma ação no momento de crise. Posteriormente sua sobrinha reportou que ele não gostava de tocar no assunto, pois perdera 90% do investimento inicial realizado.

Keynes, que foi um bem sucedido investidor na sua época, dizia que o sucesso no investimento está em antecipar o que os outros estão antecipando. Comparou o processo com o de um concurso de beleza onde o importante não é saber qual é a jovem mais bela, mas sim qual jovem será escolhida pela maioria. Essa forma de análise, seguindo a estrutura do dilema do prisioneiro, pode nos levar a um processo recursivo infinito, onde imaginamos que o outro sabe, que nós sabemos, que o outro sabe que nós sabemos, que o outro sabe...estado conhecido como 'analysis paralysis'.

Como resultado dessa experiência frustrante, o cientista dos cientistas, que como alquimista buscou identificar a composição da pedra filosofal, confessou que "embora soubesse como prever o movimento do cosmos, não podia calcular a loucura das pessoas". Implícito nessa observação está o fato de que abordagem aplicável às ciências sociais não pode ser a mesma da aplicada com sucesso às ciências exatas. Sob complexa incerteza, por definição, não existe determinismo ou lei universal.

O empreendedor misterioso

Na busca do nosso gênio financeiro da época chegamos a um misterioso e fascinante personagem, chamado Richard Cantillon.

O que se sabe sobre ele é de que era um irlandês, com nome espanhol, que fez fortuna na França e na Inglaterra. Publicou o primeiro tratado sobre economia, em francês na Inglaterra, quarenta anos antes da publicação da 'Riqueza das Nações', onde seu trabalho foi citado, de forma errada, pelo pai do estudo da Economia, Adam Smith.

Começou sua ascensão como investidor sagaz ao assumir o controle de um pequeno banco familiar que emprestava dinheiro para os britânicos que viviam em Paris. Era muito inteligente, falando vários idiomas e com relacionamentos nas altas rodas sociais da época. Entre esses clientes estava a corte dos Stuart em exílio, pretendentes ao trono britânico.

Cantillon foi amigo íntimo e sócio de John Law na companhia do Mississipi. Sendo um investidor experiente e prático, um conhecedor da teoria financeira de seu tempo, e tendo acesso a informações privilegiadas, Cantillon talvez tenha sido o único que realmente ficou multimilionário no processo. Conseguiu isso com uma estratégia muito simples: não ficou de longe assumindo que as informações que estavam sendo divulgadas estavam corretas, mas agiu no sentido de confirmá-las. Mandou um de seus irmãos à Louisiana a frente de um grupo de colonizadores. Buscou o que podemos chamar da estratégia do 'óbvio solitário', que indica que o melhor posicionamento não é o de se apostar naquilo que todos sabem ou em algo muito arriscado, mas sim naquilo que é obvio somente para você.

Soube emprestar, comprar e vender as ações da companhia de Mississipi nos momentos certos, usando as informações privilegiadas passadas pelos contatos em posições privilegiadas, por seu irmão ou por Law. Não teve escrúpulos em se utilizar da inocência e desinformação de seus clientes e sócios da maneira que melhor lhe conviesse. Dizem que um de seus sócios, no auge da bolha especulativa tentou até comprar a Polônia, e no final acabou sem nada.

Cantillon, num segundo momento, foi capaz de apostar de forma ousada contra a moeda francesa, seguro de que o esquema montado por Law inevitavelmente faria com que a moeda perdesse valor. Dizem que Law ao saber da estratégia adotada pelo ex-sócio ficou furioso e ao chamá-lo à sua presença disse que "se estivessem na Inglaterra poderiam se sentar e achar uma saída negociada, mas como estavam na França ele o mandaria para a Bastilha na mesma tarde, caso ele não desse a palavra de que estaria saindo do país em 24 horas". Sem pensar duas vezes, Cantillon rapidamente juntou sua fortuna e partiu para a Inglaterra.

Ao chegar a Londres participou de um debate acalorado com Newton, sobre a decisão desse, quando na direção do Banco Central britânico, de desvalorizar a moeda britânica. Segundo historiadores, os fatos posteriores vieram a demonstrar que ele estava mais uma vez do lado correto da discussão.

Para humilhar ainda mais a capacidade financeira de Newton, Cantillon fez uma nova fortuna na compra e venda da "South Sea Company", da mesma maneira que havia feito na França com a companhia do Mississipi.

Sua reputação era tão grande que apesar de todo ressentimento, nos momentos finais de desespero, quando seu sistema financeiro começou a demonstrar que não tinha mais capacidade de se sustentar, John Law colocou de lado o ressentimento e convidou Cantillon a voltar à França para ajudá-lo a reverter a delicada situação em que se metera. Na visão de Law, sendo ele a única pessoa que entendeu seu mecanismo, tendo lucrado com seu fracasso, estaria numa posição privilegiada para consertá-la. Cantillon considerou por um tempo a proposta, e apesar, ou talvez até por causa, das ansiosas pressões que recebeu de Law decidiu não se envolver. Afinal já estava absurdamente rico.

Como seria de se esperar, ao longo da vida foi bombardeado por processos jurídicos de seus ex-sócios e clientes, tendo sido preso em duas ocasiões. Foi, no entanto, bem sucedido em sua defesa ao final. Como parte dessa defesa, escreveu um tratado em francês, chamado de 'Ensaio sobre a Natureza do Comércio em Geral', que só veio a ser publicado na Inglaterra vinte anos após sua morte. Nele desenvolveu a primeira tentativa de uma teoria quantitativa da moeda, e assim como Law, descreveu o que posteriormente veio a ser considerada a lei da oferta e da procura: o impacto da escassez e da abundância no valor.

Foi o primeiro a enfatizar a importância do empreendedor no processo econômico ao assumir o risco empresarial, numa perspectiva muito moderna. Lucro, na sua visão, é o retorno pelo risco assumido, determinando a capacidade de sobrevivência do empreendimento. Progresso depende de empreendedores eficientes, que enfrentam a incerteza e o desequilíbrio, e através do lucro desenvolvem, inovam e expandem seus negócios, aumentando a produtividade. Os ineficientes são eliminados, garantindo que o capital escasso seja realocado de forma rentável. Colocou de forma clara a equivalência conceitual de juros e retorno sobre um investimento, independentemente da natureza do negócio ou do investidor. O capital investido, nesse contexto, deveria gerar retorno para que continue sendo investido. Também definiu formalmente o conceito de custo de oportunidade, que já discutimos anteriormente, ao qual chamou de valor implícito, assim como associou o custo variável ao empreendedor, que enfrenta a incerteza, e o custo fixo ao assalariado, que foge da incerteza.

Seu fim foi tão misterioso quanto sua vida. Na versão oficial ele teria sido morto por um cozinheiro que havia sido despedido. Para encobrir o crime ele teria colocado fogo na mansão onde Cantillon morava. Especula-se, no entanto, que tudo teria sido forjado, tendo ele escapado para o Suriname, onde assumiu a identidade nova de Chevalier de Louvigny e vivido como nobre, distante do ódio se seus ex-amigos, ex-sócios e ex-clientes.

Ele pode ou não ter sido um gênio financeiro, e seguramente não foi um ser humano exemplar, mas se tornou, na realidade, um mito financeiro que se perdeu na história.

Todavia, seu sucesso financeiro realça algumas características importantes que um investidor deve ter: bons conhecimentos teóricos e práticos, informações sólidas, quanto mais privilegiadas melhor, rapidez, independência e frieza na execução, boa noção de tempo de entrada e saída, capacidade financeira e emocional de assumir riscos, e muita sorte. Seu modelo era tecnicamente embasado, extremamente atualizado para a época, consciente em relação aos riscos, e obcecadamente objetivo. O valor está no futuro, e no presente existem apenas expectativas e percepções de valor. Concordar com a maioria não gera valor adicional, mesmo que venha a se revelar correta essa postura, pois o preço já estará incorporando essa visão. É no ato da discordância, da surpresa, que valor extra é gerado ou destruído. Cantillon soube discordar e se utilizar do conceito do óbvio solitário. Riqueza substancial está irremediavelmente associada à solidão: não é só uma questão de se acertar, mas de se acertar sozinho. Seguramente o modelo de Cantillon não estava completamente certo, mas foi muito útil, para o objetivo de enriquecimento ao qual se propôs.

É importante abrir um parêntese para afirmar que não devemos julgar o conceito de mercado de ações pelos exemplos dados. Ao longo dos anos muitas das deficiências apresentadas no início tentativo desse mercado foram corrigidas. Com a criação de órgãos reguladores e a necessidade de auditorias formais o mercado passou a ser um legítimo veículo para o financiamento de empreendimentos e de democratização do capital. A palavra milionário passou a realmente fazer parte do dicionário e muitos investidores sem sobrenome aristocráticos se beneficiaram. Fundos de pensão e fundos de investimento em geral possibilitaram ao pequeno investidor ter acesso e participar da 'ação' desses empreendimentos, assim como empreendedores conseguiram viabilizar seus planos através do mercado de capitais. Os exemplos, no entanto, reforçam a idéia de que cautela é sempre devida. Não só novos fraudadores e especuladores do dinheiro alheio insistem em aparecer persistentemente ao longo dos tempos, como o próprio risco legítimo do negócio precisa ser muito bem entendido antes de investirmos nossos recursos limitados.

Família que enriquece unida permanece unida

Seguindo a linha de investidores astutos traçada por Cantillon, vamos agora para o século XIX conhecer a família que é sinônimo de sucesso bancário sem precedentes, e que ao contrário dos Medicis, conseguiram se perpetuar, como banqueiros e nobres.

Hoje o nome Rothschild é associado a barões, nobreza européia e vasta riqueza, mas sua origem foi humilde. Tudo começou com um negociante de moedas, medalhas e antiguidades chamado Mayor Amschel, que vivia no gueto judaico de Frankfurt, na Alemanha. Pelo fato da loja da família possuir um símbolo de escudo vermelho adotaram o nome Rothschild, que em alemão significa escudo vermelho. Mayor foi um visionário e um disciplinado negociante. Ao ensinar seus cinco filhos sobre os negócios da família fez com que cada um se mudasse para diferentes países da Europa, desenvolvendo uma rede familiar de correspondentes. Ao invés de dividir o pouco que tinha entre eles, estimulando uma competição interna, através do comércio com outros países ampliou o alcance do talento de cada filho. Eles expandiram os negócios, e aos poucos foram se concentrando em serviços bancários. Usaram muitos dos mecanismos já discutidos até agora, amplificando-os de maneira disciplinada, exponencializando-os.

Amschel, o filho mais velho, permaneceu em Frankfurt, Nathan, o mais bem sucedido, se estabeleceu em Londres, James alcançou grande sucesso em Paris, Salomon foi para Viena, e Carl, o mais novo, para Nápoles. Trocando informações entre si, eles desenvolveram uma multinacional muito bem ajustada, baseada em confidencialidade e vínculos familiares fortes.

Por várias gerações somente os homens tocavam os negócios, onde os casamentos eram arranjados entre parentes, de maneira a garantir que o grupo permanecesse fechado dentro da família. Além da confidencialidade e do segredo que existia na maneira de atuar, seguindo o conselho do pai de 'escutar tudo e falar muito pouco', o moto familiar era 'concordia, integritas, industria'.

Como os Medici, também foram patronos das artes e da política, tendo entre seus protegidos: Honoré de Balzac, Fryderic Chopin, Heinrich Heine, Giochino Rossini, e Benjamin Disraeli.

Tornaram-se barões austríacos, e a própria rainha Vitória concedeu o título de nobreza hereditária britânica para a família.

De 1815 a 1914 o grupo Rothschild foi considerado a maior instituição financeira do mundo.

Só para dar uma noção de equivalência, a fortuna que Bill Gates possui atualmente é estimada em 0,49% do PIB americano; a de Nathan sozinho, considerado no seu tempo o Bonaparte das Finanças, ao falecer correspondia a 0,62% do PIB da Inglaterra, a grande potência da época.

Mas como conseguiram chegar a esse nível de sucesso?

Além do trabalho duro e coordenado, e dos riscos que assumiram ao longo dos anos, a vantagem competitiva veio de uma estratégia explorada ao extremo.

Como suas principais atividades eram a de emprestar para governos e especular com o cambio e títulos de governos, exploraram sua capacidade única de coordenação internacional, desenvolvendo um sistema de comunicação extremamente eficiente, que se autoalimentava.

Numa época em que ainda não existia telegrafo, telefone, ou internet, onde as notícias demoravam muito para serem transmitidas, eles praticamente inventaram o noticiário financeiro, mas de uma forma bastante peculiar e lucrativa. Lançando mão de sua rede familiar de negócios, e a possibilidade de financiar governos deficitários, aproximavam-se de políticos no poder oferecendo notícias econômicas de outros países e em contrapartida, nesse movimento, obtinham novas informações que eram passadas para outros países, onde podiam ser manipuladas e utilizadas da melhor maneira possível.

Como o preço de um título governamental pode ser considerado o resultado de um tipo de pesquisa de opinião, expressando o grau de confiança no regime vigente, era do interesse dos políticos no poder, por outro lado, convencer grandes investidores, como os Rothschild, de que tinham informações sólidas e consistentes para suportar sua boa administração. Dessa maneira garantiam diversidade e competição entre seus fornecedores, ao mesmo tempo em que mantinham controle sobre a geração de receita. Eles exploraram consistentemente a estratégia de buscar o monopólio para mim e mercado para os outros: custo barato com receita cara. Além disso, fontes seguras de informações privilegiadas, velocidade de transmissão, e capacidade de utilizar essa informação de forma eficiente eram seus diferenciais. Seus correios internos eram mais rápidos que os canais oficiais. Foram extremamente criativos, usando pombos correios em grandes quantidades, pagando extra para que os capitães fizessem os navios chegarem mais rapidamente, mandando cópias em diferentes canais em competições de velocidade e redundância, e em alguns casos usando até envelopes com códigos de cor para agilizar ainda mais o processo de decisão: ao receberem a correspondência dos irmãos sobre transações pendentes em envelopes azuis já sabiam que era para comprar, se correspondência chegasse em envelope vermelho seria o sinal para vender.

Ao fazer negócios com os governos abriam mão da maior parte do lucro usual de comissões, para se concentrar na exploração de rápidos movimentos no cambio e no valor dos títulos dos governos, já que na época ainda não existiam mercados internacionais organizados e integrados. Eram exímios alocadores de recursos; as oportunidades eram analisadas de forma fria, indiferente ao resultado local, mas visando o ganho total do grupo. Devido à extensão de sua rede entre países e mercados, eram bem diversificados e quando um dos irmãos estava indo mal era ajudado por outro que estava passando por um momento bom.

Executavam eximiamente a estratégia conhecida como arbitragem: compravam no mercado onde o valor estava mais baixo e vendiam no mercado onde o valor estava mais alto até os mercados convergirem para um equilíbrio. Em tese, pelo principio da paridade, dois ativos com atributos idênticos deveriam ser vendidos ao mesmo preço no mercado. Também deveria ter preço igual um ativo idêntico negociado em dois mercados diferentes, uma vez levando-se em consideração custos de transporte e demais despesas associadas. Se os preços desses ativos diferem, uma oportunidade de lucrar apareceria ao comprá-lo onde está subavaliado e vendê-lo onde está superavaliado.

Hoje em dia, com a digitalização e globalização dos mercados, esse tipo de oportunidade deixou de ser guiada pela localização dos recursos, como no tempo dos Rothschild, e passou a ser uma competição de velocidade. Dos pombos correios chegamos aos computadores ligados pela internet.

Essa estratégia dos Rothschids atingiu seu auge durante a segunda campanha de Napoleão. Essa foi uma guerra entre dois sistemas financeiros rivais: de um lado o modelo francês, mais tradicional, baseado em pilhagem, através de conquista à força e imposição de impostos ao país derrotado; do outro o britânico, baseado em endividamento. Quando o Duque de Wellington enfrentou dificuldades em transferir recursos para o front de batalha, de forma a pagar sua tropa, contratou os Rothschilds para viabilizar a transferência de ouro da Inglaterra para o continente europeu. Com esse selo oficial eles tornaram-se assim indicadores de tendência em Londres. De acordo com afirmação de Carl na época: "quando nós compramos, todos compram". O principal fator que usualmente possibilita uma arbitragem é a ausência de liquidez. Ela se caracteriza pela inexistência de um número razoável de participantes realizando transações de compra e de venda, fazendo com que os poucos existentes se tornem 'o mercado'. Esse é um conceito importante. Liquidez permite ao capital migrar de forma 'democrática' para as oportunidades avaliadas como melhores pelos participantes do mercado. Ela permite uma estratégia de saída indolor. Se por um lado os proprietários de ativos líquidos não têm controle sobre o comportamento e o valor deles, em contrapartida eles não estão presos a esses ativos, podendo liquidá-los a qualquer momento. Liquidez é transparência e reversibilidade. Um indicador de ausência de liquidez é quando a diferença entre a oferta de compra e a oferta de venda se distancia rapidamente e substancialmente. Nesse momento temos o que se chama de crise de liquidez. Naturalmente o ideal é estar na ponta oposta dando liquidez ao mercado, é estar vendendo quando todos estão comprando ou comprando quando todos estão vendendo. Crise de solvência, mais séria, é quando o valor dos passivos ultrapassa o valor dos ativos, de forma definitiva e irremediável. No extremo, uma crise de liquidez pode se tornar uma crise de solvência, caso o preço de venda dos ativos caia tanto a ponto do valor do ativo ficar mais baixo do que seu financiamento, sem chance de reversão.

Como colocado anteriormente, sob o ponto de vista pessoal temos sempre que buscar o 'monopólio' próprio, atingimento de um diferencial único, e garantir a concorrência perfeita dos outros, para que isso ocorra: além de sorte precisamos de liquidez. Seguindo essa linha de raciocínio, Nathan Rothschild alcançou proporções mitológicas com os lucros obtidos após a batalha de Waterloo, quando supostamente ele teria recebido a notícia antes do mercado e o manipulado de maneira a lucrar o dobro simulando que Napoleão teria vencido ao vender títulos do governo britânico em seu nome, enquanto estaria comprando esses mesmos títulos em grandes volumes através de outros representantes. Simulando uma crise de solvência, teria fornecido secretamente liquidez para o mercado, arbitrando. Segundo historiadores não foi isso o que realmente aconteceu, mas a versão permaneceu, aparentemente estimulada pelos próprios Rothschilds.

Diferente dos Medicis, os descendentes da família Rothschild sobreviveram às diversas crises mundiais. Embora não tendo mais o papel dominante do passado, ainda atuam até hoje no setor bancário. Também se tornaram referencias em outras indústrias, tais como o da produção de vinhos com o famoso Château Lafite Rothschild. Com o passar do tempo tornaram-se sinônimo de nobreza abastada e sofisticada. Numa completa inversão de valores, através do sucesso financeiro os sobrenomes dos milionários, que enriqueceram do nada, passaram a ser associados à aristocracia.

A história de sucesso dos Rothschild reforça os seguintes conceitos: confiança entre as partes é essencial, informação correta e conseguida antes de todos faz muita diferença, se mercados não se comportam de forma eficiente abre-se espaço para arbitragem, que apenas estruturas bem montadas e efetivas podem explorar por algum tempo, e de que custos devem ser reduzidos através do mercado competitivo, enquanto receitas devem ser obtidas utilizando diferenciais únicos. Consistência e disciplina, quando bem aplicadas, garantem longevidade financeira.

A matemática também pode ser financeira

O método de abordagem científica aplicado à busca do entendimento e mensuração do valor teve seu ponto alto com o aparecimento em cena de um dos pais da matemática financeira: Irving Fisher. Infelizmente, assim como no caso de Newton e Law, após uma vida de grandes realizações o final de Fisher como mago financeiro foi melancólico. Ele foi mais um desses personagens curiosos na história das Finanças. Quando estudante de matemática na Universidade de Yale, nos Estados Unidos, demonstrou ser um garoto prodígio, ganhando todos os prêmios que disputou, enquanto publicava poesia e estudava astronomia e mecânica. Foi convidado pela faculdade para desenvolver seu doutorado em matemática, mas optou em se tornar o primeiro PhD em Economia, em 1981, com tese baseada em uma abordagem matemática da economia. Para ilustrar essa tese ele construiu uma maquina hidráulica com roldanas, engrenagens, tubos e vasos comunicantes que simulava sua visão do funcionamento da economia. Tornou-se um acadêmico brilhante, professor de Yale, tendo escrito 29 livros, e sendo considerado o pai da Teoria Quantitativa do Dinheiro, corrente que veio a ser chamada de Monetarismo. Trouxe o rigor matemático e a aplicação do método científico à Finanças, ao mesmo tempo em que participou de todas as discussões econômicas mais filosóficas de seu tempo, também estabelecendo o vínculo entre economia e contabilidade, até então inexistente. Foi o primeiro autor best-seller escrevendo sobre assuntos econômicos, sendo o mais citado no mundo no começo do século 20. Além disso, foi o fundador da Sociedade de Econometria dos Estados Unidos, e seu primeiro presidente.

Como se tudo isso já não fosse suficiente, foi um inventor prolífico. Ficou rico explorando seus inventos. A empresa que fundou para comercializar sua invenção mais bem sucedida, um sistema de indexação através de cartões hoje conhecido como Rolodex, foi vendida para a Remington Rand, tornando-o um milionário. Segundo Ragnar Frisch, o primeiro ganhador do Nobel em Economia, ele esteve duas gerações a frente de seu tempo. Podemos confirmar essa afirmação, pois ele até se antecipou aos próximos capítulos: reconheceu o papel da aversão ao risco, que chamou de 'coeficiente de cuidado', sugerindo a utilização da medida estatística do desvio padrão como uma métrica para a medida de risco (capítulo 5), tendo sido também considerado recentemente um precursor da teoria das Finanças Comportamentais (capítulo 6). Foi um investidor de sucesso na bolsa de valores, tornando-se uma espécie de guru financeiro de sua época. Teve participação ativa nos eventos que culminaram com o estouro da bolha de 1929, e que deu início ao período denominado de Grande Depressão, tanto para a economia mundial como para suas finanças pessoais.

No front da teoria financeira, aperfeiçoou o conceito de juro, que identificou como sendo um índice de preferência de pessoas entre dinheiro hoje sobre dinheiro no futuro. Juro, nessa abordagem, seria determinado pelo resultado da interação de duas forças: impaciência – preferência temporal pelo consumo - versus oportunidade de produção – chance de retornos maiores no futuro.

Segundo sua perspectiva, como pessoas que gastam mais do que ganham pedem emprestado de pessoas que gastam menos do que ganham, em equilíbrio, a quantidade emprestada deve ser igual tanto do lado credor quanto do lado devedor, sendo a taxa de juros o preço que gera essa equidade.

Como colocado graficamente abaixo, o mercado fixa a taxa de juro "R" que equilibra a vontade de investir com o estímulo de poupar. Juro é o índice que reflete a preferência de uma comunidade por dinheiro hoje versus dinheiro amanhã.

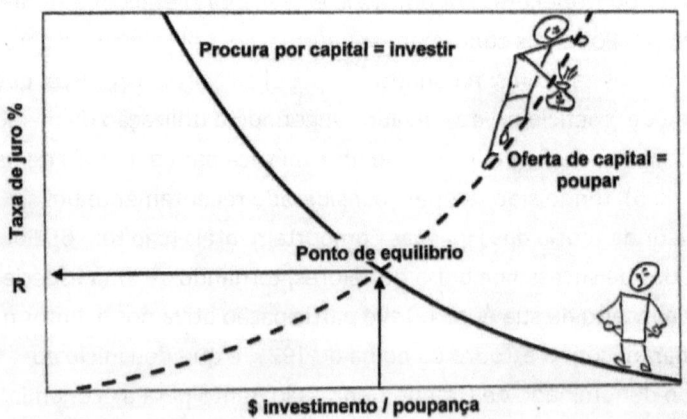

Por vivermos num mundo com oportunidades espalhadas no tempo não existe uma única taxa de juro, mas sim uma estrutura de taxas de juros, todas dependendo do balanço entre possibilidades de produção e desejo de consumo, em cada período. A taxa de juro aplicada a um período mais longo seria, portanto, a média das taxas dos períodos individuais compostas.

Numa perspectiva de análise monetária, ele estendeu esse modelo simples de equilíbrio geral adicionando uma fórmula, que se tornou a base da teoria quantitativa da moeda, relacionando fluxo de gastos (mundo monetário) com valor econômico das transações (mundo real):

$$MV = PT$$

Onde "M" é a quantidade de moeda circulando na economia, "V" é a velocidade da moeda ou o número de vezes por período que essa unidade monetária muda de mãos, "P" é o nível geral de preços, e "T" é o volume de transações no período. Mudanças em M, no curto prazo, causam mudanças em ambos P e T, enquanto, no longo prazo mudanças em M afetam apenas P. A diferença entre o curto e o longo prazo vem do que ele chamou de 'ilusão monetária'. Foi ele quem formalizou o conceito de inflação / deflação e desenvolveu uma teoria para explicá-la, sendo o primeiro economista a distinguir claramente entre juros reais e nominais.

Dentro dessa abordagem, inflação é o processo de queda do poder de compra da moeda, refletida em um aumento generalizado de preços. Deflação é o oposto. Pela fórmula desenvolvida por Fisher, quanto mais moeda em circulação (mundo monetário) maior o preço das transações (mundo real), independentemente da criação ou não de riquezas, e vice versa. Uma moeda não tem valor intrínseco. Moeda só tem valor porque ela pode ser trocada por algo. Se aumentarmos de forma desmedida a quantidade de moeda sem aumentarmos na mesma proporção a quantidade de produtos e serviços, cada moeda, por definição, valerá menos. A conseqüência imediata é o aumento da inflação. O perigo é o de que pela própria natureza humana, como demonstrado no caso da aventura de John Law, é bem mais fácil inflar os valores, através de emissão de moeda, do que deflacioná-los. No processo inflacionário, o emissor pode gastar mais e ao mesmo tempo ter sua dívida diminuída. Sob a perspectiva de governo, o que seria mais cômodo, aumentar impostos para poder gastar mais, enfrentando a insatisfação dos eleitores, ou emitir mais moeda? No movimento contrário, de busca de deflação, a lógica se inverte implicando em corte de despesas e aumento da dívida. O racional seria o equivalente da metáfora da pasta de dentes, onde é muito fácil de se apertar e se obter mais pasta, inflacionando, e praticamente impossível colocar a pasta de novo no tubo, caso ela tenha sido tirada em excesso, deflacionando.

Ele desenvolveu também uma segunda equação, que ficou conhecida como 'Efeito Fisher', onde trata da confusão entre retornos nominais e reais: a ilusão monetária que ainda persiste nos dias de hoje. Ele identificou que a taxa de juro nominal, que iguala o valor de credores e devedores, é normalmente ajustada para qualquer inflação estimada que possa vir a reduzir o valor da moeda, mas esse ajuste, no entanto, é usualmente incompleto. Uma expansão no suprimento de dinheiro tende a causar a queda da taxa de juros real (taxa nominal menos inflação) abaixo do seu nível de equilíbrio, e o oposto ocorrendo para o efeito de uma contração no suprimento de moeda. Nesse modelo, flutuações monetárias causam flutuações nos juros reais, ocasionando ciclos econômicos. Para se estabilizar o nível de preços concluiu que seria necessário se aplicar a política monetária correta.

A fórmula do efeito Fisher é a seguinte: $(1+n) = (1+r) \times (1+i)$. Onde "n" é a taxa nominal, "r" a taxa real e "i" a expectativa de taxa de inflação.

Assim sendo, um título que pagou 11,11% de juro nominal no ano, quando a inflação foi de 4% no período, na realidade rendeu uma taxa real de 6,84% ao ano, já que o processo de inflação reduziu o poder de compra da moeda nesse espaço de tempo. Esse tipo de análise é de vital importância durante crises inflacionárias quando os valores ficam extremamente distorcidos.

<u>Efeito Fisher</u>

$$(1+11,11\%) = (1+r) \times (1+4\%)$$

$$(1+r) = (1,1111/1,04)$$

$$(1+r) = 1,0684$$

$$R = 6,84\%$$

De muitas maneiras, Irving Fisher foi realmente um homem a frente de seu tempo. Foi o pioneiro e maior especialista na construção e uso de índices de preço. Devemos a ele e existência de índices de inflação, tais com IPCA, INPC e IGP-M, tão comuns no Brasil nos dias de hoje. Embora ele tenha desenvolvido toda a teoria necessária para sua implantação, só em 1995 o Departamento de Comércio dos Estados Unidos adotou sua proposta de índice ideal. Consciente do estrago que a inflação pode trazer e da tendência histórica de governos em inflacionar suas moedas como forma simples e rápida de redução de seu endividamento, propôs a emissão de títulos que tivessem seus valores ajustados ao índice de inflação. Diferentemente de empresas e de cidadãos, governos nunca 'quebram'. Eles inflacionam suas moedas. Em 1920, ele persuadiu a Remington a emitir o primeiro título de dívida indexado à inflação. Com isso criou o conceito de renda fixa com taxa pós-fixada, onde a taxa nominal só se revelaria ao final do período, garantindo, com esse artifício, uma rentabilidade líquida do custo inflacionário. O governo americano só veio a adotar algo similar em 1996, sendo esse mecanismo hoje muito comum em vários países, incluindo o Brasil.

Voltando ao exemplo do título montado na época dos Medici, e utilizando a fórmula do efeito Fischer descrita anteriormente, o conceito de renda fixa com taxa pós-fixada funcionaria na prática da seguinte forma: o governo oferece um título que paga 6,84% de taxa de juro real no ano, ajustada pela taxa de inflação que vier a acontecer no período. Assumindo que esse índice venha a ser de 4%, a taxa de juro nominal ficaria nos mesmos 11,11% do título com juro pré-fixado, que havíamos discutido; caso a inflação fique acima a taxa do pré-fixado teria que ter sido maior para empatar, e no caso de índice menor o inverso. Esse tipo de título é essencial para que o investidor possa se proteger contra os efeitos negativos da inflação. Durante crises inflacionárias, quando o governo perde o controle orçamentário da situação e emite moeda para 'inflacionar' uma saída para seu impasse, uma boa opção para investidores em renda fixa é comprar títulos que tenham esse tipo de proteção. Em momentos de deflação o título perde valor, mas o poder de compra da moeda aumenta, contrabalançando o impacto.

Fischer expandiu esse conceito para a paridade entre moedas afirmando que o retorno de ativos similares em diferentes países deve ser igual uma vez levado em consideração a diferença de câmbio entre os países. Essa teoria veio a ficar conhecida como 'paridade do poder de compra' ou 'lei do preço único'.

Como mostrado abaixo, se pegarmos emprestado na moeda $$ o valor de $$ 1.800, a uma taxa de 2% ao ano e convertermos para a moeda $, a um câmbio de 2 $$/$ e investimos a 11,11% nessa moeda, para que não exista possibilidade de arbitragem o valor do câmbio para entrega futura negociado hoje tem que ser necessariamente de 1,836 $$/$. Tem que ser assumido uma desvalorização de 8,2% da moeda $$ sobre $, para equilibrar a diferenças de taxa de juros entre os países; caso contrário abre-se a possibilidade de arbitragem, de se ganhar dinheiro sem risco, explorando essa distorção como fizeram os irmãos Rothschild.

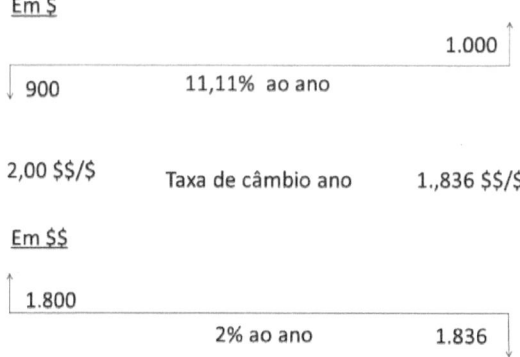

Fisher também aprimorou a análise de retorno sobre investimento, que chamou de 'taxa marginal de retorno sobre o custo'. Como vimos nos capítulos anteriores, desde os primórdios o que sempre se buscou foi um retorno acima do valor investido. O fator complicador é o de que em muitos casos o investimento se estende ao longo do tempo ou o retorno se projeta muito além do esperado, tornando esse tipo de análise complexa. Existem situações em que o próprio investimento é perene e contínuo. Como forma de contornar essas dificuldades ele introduziu uma maneira mais abrangente de se analisar o valor de algo, que veio a ser conhecido como o conceito de 'Valor Presente Líquido'. Nessa perspectiva, capital é um ativo que produz um fluxo de renda no futuro, sendo necessário se analisar o resultado líquido, já que no futuro existirão impactos de obrigações favoráveis e desfavoráveis, inclusive pela própria taxação do governo. Segundo ele, toda riqueza é capital; não apenas máquinas e equipamentos, mas também terra e seres humanos, sendo esses os mais versáteis, e, portanto, de maior valor. Estimou que o valor do capital humano seria cinco vezes maior que o capital físico, e, como consequência, advogou, novamente de forma precursora, a instituição do seguro saúde. Para ele, quantitativamente, não existia distinção entre categoria como trabalho, capital, e terra. Todos produzem uma série de rendimentos, de tal maneira que todos no fundo são capitais. Esses rendimentos descontados de volta ao presente representam o valor desse capital. Dessa maneira, de forma abstrata, não existe diferença entre salários, lucros, ou alugueis. Todos são rendimentos de capital, e de uma forma ainda mais genérica são 'juros', taxas pelas quais o rendimento flui da riqueza. O valor de algo deriva da soma dos benefícios líquidos que esse algo gerará no futuro, e o vínculo entre os dois é o retorno sobre o investimento, que, em sua forma mais primitiva, é chamada de taxa de juro.

Para demonstrar de forma intuitiva a diferença entre estoque e fluxo ele usou a metáfora de que a água fluindo em direção a uma piscina num certo volume por unidade de tempo seria o lucro; enquanto a piscina com certo volume de água se tornaria o capital.

Percebeu que o valor está orientado para o futuro, não sendo simplesmente resultado de valores históricos; um grande desenvolvimento para a época. Valor está no futuro, ação no presente, e o vínculo entre eles são as premissas que assumimos. Embora o conceito já tenha sido discutido por Fibonacci, e vivenciado por muitos, na sua forma atual ela foi difundida por Irving Fisher.

Para se calcular o valor de qualquer coisa, utilizando-se o fluxo de benefícios e custos, a fórmula apropriada seria a seguinte:

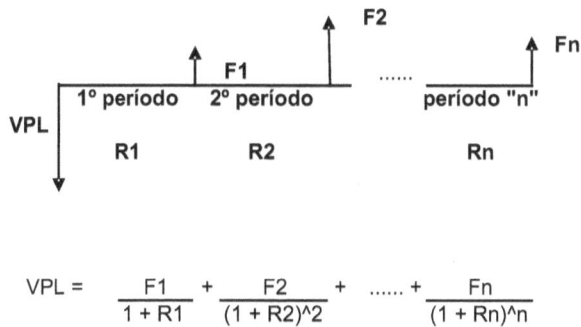

$$VPL = \frac{F1}{1 + R1} + \frac{F2}{(1 + R2)^2} + \ldots + \frac{Fn}{(1 + Rn)^n}$$

Onde "VPL" significa valor presente líquido, os "Fs" são os fluxos de caixa líquidos estimados ao longo do tempo (recebimentos menos pagamentos), "Rs" as taxas de desconto pertinentes a cada período e "n" o número total de períodos. O valor presente é a soma de todos os fluxos, que acontecerão no futuro, trazidos para o presente a taxas de desconto apropriadas para cada período. Essas taxas podem ser taxas de juros, no sentido mais restrito da palavra, no caso de um investimento em títulos, ou, mais genericamente falando, custo de capital ou taxa de retorno esperada no caso de investimentos com mais risco. Nesse formato, risco é tratado como um valor adicional que se soma ao juro, de forma similar ao índice de inflação no caso do efeito Fisher, para refletir o risco adicional que estaria sendo assumido.

Um exemplo prático seria o de se calcular o valor de um imóvel através do fluxo de aluguel que ele traria ao longo dos anos, descontados para o presente pela taxa de retorno esperado de um investimento alternativo e similar. Vamos assumir que temos uma oportunidade de comprar um imóvel e alugá-lo por $ 200 ao ano e que nosso custo de capital ou de oportunidade (melhor alternativa de investimento a um risco similar) seria de 10% ao ano. Por simplificação vamos considerar que o período de aluguel seria infinito; isto é, n seria um valor muito grande. Ao aplicarmos a fórmula, o valor presente calculado de $ 2.000 nos daria a dimensão aproximada do valor do imóvel, baseado nessas premissas.

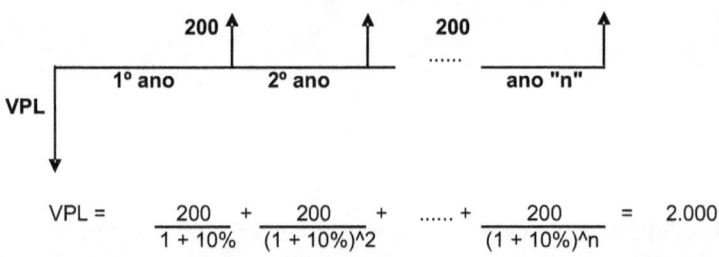

Naturalmente, podemos sofisticar e complicar o modelo o quanto desejarmos, incluindo o impacto da inflação ao longo do tempo, assumindo valores de alugueis mensais crescentes, definindo melhor a vida útil do projeto, permitindo que fluxos de caixa fiquem negativos em alguns anos, ou projetando taxas de desconto flutuantes ao longo dos períodos. Análises de sensibilidade, introduzindo pequenas variações em cada variável, podem ser realizadas, assim como simulações probabilísticas. O cenário é nosso e o modelo é nosso. Temos sempre que levar em conta, no entanto, que maior complexidade não corresponde necessariamente em modelo mais preciso. Muitas vezes ao sofisticarmos, ao invés de ajudarmos no processo de tomada de decisão, podemos estar complicando o entendimento desnecessariamente.

Reparem que $ 2.000 é exatamente o valor da casa que assumimos no balanço montado no capítulo 3. Lá consideramos que pegamos um empréstimo de $ 1.000 para viabilizar essa compra. Para o cálculo do VPL essa informação é irrelevante. Não interessa como financiaremos nossa compra, se com 50% ou 20% do valor total, mas sim o fluxo que o projeto trará e o custo de capital que ele tem.

Esse tipo de análise é muito utilizado para a aprovação ou rejeição de projetos. Nesse exemplo, caso o preço proposto pelo mercado fosse

maior do que o VPL calculado a compra seria rejeitada, caso fosse igual ou menor ela seria aceita. Se o preço de mercado fosse de $ 2.500 e o VPL indica um valor na faixa de $ 2.000 a recomendação implícita no modelo seria o de não comprar. A utilização do VPL enfatiza o conceito de análise de custo de oportunidade, não só especificando um valor referência, como também possibilitando a comparação com outros projetos possíveis, de maneira a identificar o que faz mais sentido.

Dependendo da situação e das incertezas existentes, podemos simplificar o modelo ainda mais. Se, como no exemplo assumirmos a premissa de que os fluxos de valores e as taxas de juros são constantes, continuando os mesmo eternamente, podemos utilizar um modelo ainda mais simples de valorização. Ele é conhecido como cálculo de 'perpetuidade', sendo baseado na seguinte fórmula:

$$\text{Valor (perpetuidade)} = F/R$$

Propositalmente, o exemplo numérico anterior se encaixaria bem nessa simplificação, sendo a solução matemática a seguinte:

$$\text{Valor (perpetuidade)} = 200/10\% = 2.000$$

Essa é uma maneira simples e conveniente, baseada na estruturação de Fisher, para que pelo menos possamos definir parâmetros extremos ou referenciais, para qualquer modelo.

Por outro lado, não podemos nos iludir. Análises financeiras podem se tornar extremamente complexas. A análise de compra versus aluguel, por exemplo, que é aparentemente simples, pode se tornar muito complicada, uma vez colocada dentro de um contexto mais amplo e realista. No entanto, fugir não é uma opção. Temos sempre que desenvolver nosso modelo, definir no que acreditamos.

A essa altura já podemos reparar que em Finanças voltamos sempre para a dicotomia entre produção própria (ferramenta pré-histórica) e especialização/terceirização (mouse), entre compra da propriedade ou aluguel, entre a função de principal ou de agente, entre capital ou juros, e entre a obtenção de algo em definitivo versus seu usufruto temporário. Existe um vínculo implícito entre fluxo e valor estático. Como colocado na 'fórmula do fluxo de valor', apresentada no capítulo anterior, valor pode existir no formato de estoque/saldo ou de fluxo e o cálculo de valor presente líquido, como uma máquina do tempo, busca fazer o vínculo entre esses dois conceitos.

Esse raciocínio de vínculo do valor presente líquido pode ser aplicado também para o levantamento de um empréstimo ou à compra de um título financeiro. Esse racional se aplica a qualquer fluxo de recebimentos ou pagamentos futuros que possuem um valor comparável no presente.

Outra maneira de se analisar o valor de um fluxo seria o de se utilizar o raciocínio inverso do VPL. Sabendo-se, ou estimando-se, o valor de algo e de seu fluxo no tempo, calcula-se a taxa de desconto que iguala esse valor atual com o fluxo trazido para o presente. Esse é o conceito de 'Taxa Interna de Retorno' (TIR). Ela pode ser utilizada como critério de seleção quando comparada com o nosso custo de capital; isto é: se a TIR de um projeto é maior do que o custo de obtenção de dinheiro para realizá-lo, ou à TIR de outras oportunidades de negócios de risco similar, vamos em frente com ele.

Crises normalmente se instalam quando valor presente líquido de ativos (preço de mercado) se torna menor do que o valor presente líquido do passivo, usado para financiar essa compra (saldo da dívida); situação de potencial insolvência. Esse é o momento onde a TIR é menor do que o juro do empréstimo. O entendimento desse relacionamento e do seu impacto é fundamental para minimizar crises e se aprender com elas. Daí a importância de se conhecer um pouco de matemática financeira. Como estamos falando pura e simplesmente de cálculos matemáticos, seria interessante a utilização de exercícios de matemática financeira nas aulas de matemática do ensino médio como parte dos exemplos práticos desenvolvendo a sensibilidade financeira e preparando os jovens para enfrentar o dia-a-dia. Educação financeira, dentro do estudo da Matemática, tem um propósito extremamente prático que deveria ser mais bem explorado.

Em contrapartida, conhecimento em si é necessário, mas não suficiente, como demonstrou o próprio Fisher no final de sua vida. Seu sucesso foi interrompido de forma brusca na crise de 1929 quando afirmou para jornalistas e apostou toda sua fortuna na crença de que "os preços das ações haviam alcançado um platô que parecia ser permanente", dias antes do colapso da bolsa. Um dos maiores investimentos de Fisher foi na Remington Rand, onde fazia parte do conselho diretor, após a aquisição de sua empresa. Antes do "crash" o preço da ação estava em US$ 58, em 1930 atingiu US$ 28, quando Fisher dobrou sua aposta para logo em seguida despencar para US$ 1.

No lado diametralmente oposto ao de Fisher na época estava o consultor financeiro Roger Babson. Ele publicava um relatório pseudo-científico e muito popular sobre o comportamento das ações baseados, segundo ele, na terceira lei de Newton, que afirma que toda ação gera uma reação de mesma intensidade, mas em sentido contrário. Obsecado pela gravidade, após a morte do irmão, e mais tarde do neto, por afogamento, afirmava que ela poderia ser usada para explicar o movimento do preço das ações. Vinha fazendo previsões catastróficas durante muito tempo, ao estilo do pessimista da piada que previu nove das últimas cinco recessões. No entanto, em setembro de 1929 numa conferência disse que "a queda da bolsa estava por vir e que seria terrível", recomendando a compra de ouro, na véspera da crise acontecer. Uma vez confirmada a previsão ele colocou uma propaganda no jornal dizendo que "os clientes de Babson estavam preparados" e sua empresa de consultoria virou um sucesso estrondoso, tornando-o multimilionário. Veremos mais adiante, no capítulo 5, que na realidade a estratégia adotada por ele em termos práticos foi a de 'comprar um opção de venda'. Seu nome ficou ligado à faculdade que fundou, Babson College, inclusive sendo atribuído a ele a origem do que hoje chamamos de 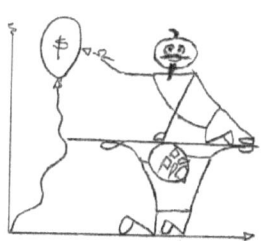 cursos de MBA, onde se estudam disciplinas relacionadas aos negócios. No entanto, gastou boa parte de sua fortuna na busca por um material anti-gravitacional, que pudesse proteger a humanidade na lunática batalha que travou contra a gravidade.

Crises parecem afetar gênios e loucos e no final fica muito difícil de identificar quem é quem. Enquanto Babson esbanjava dinheiro no final da vida, Irving Fisher ficou completamente quebrado.

A universidade de Yale, em ato de reconhecimento por sua contribuição passada, comprou a sua casa e a alugou de volta para ele, de maneira a que não ficasse sem teto para morar. Não só sua fortuna desapareceu do dia para a noite como também sua reputação.

Após o seu fracasso, em um último esforço, fez uma brilhante, e ainda atual, análise econômica do período da grande depressão, publicado na revista Econometrica sob o título; 'Teoria do Débito-Deflação da Depressão', no qual desenha uma cadeia de causas e consequências que geraram e intensificaram a crise. Em linhas gerais defendeu o conceito de espiral decrescente iniciada com a imposição de liquidação de empréstimos pelos bancos, gerando, como consequência, venda de ativos sob stress, motivando a queda generalizada dos valores de ativos e dos preços, forçando a redução dos juros nominais, enquanto juros reais aumentavam (se os preços dos ativos caem de forma mais rápida do que a velocidade de redução nos empréstimos, o valor real do empréstimo sobe no tempo), incentivando uma cascata de venda sob liquidação, com muitos vendedores e poucos compradores, fazendo com que o conservadorismo nos investimentos reduzisse a velocidade da moeda, impactando por sua vez o patrimônio líquido das empresas, aumentando as falências e o desemprego, estimulando a corrida aos bancos, desencadeando a limitação de crédito, jogando gasolina no fogo e intensificando ainda mais a pressão para a venda de ativos a qualquer preço pelos bancos, trazendo à tona a crescente desconfiança geral, fazendo com que todos deixassem o pouco de dinheiro que sobrou debaixo do colchão, e tudo isso criando um ciclo vicioso auto-alimentado. A cada volta do parafuso a crise se aprofundava. Curiosamente, a descrição que ele fez do processo ocorrido em 1929 se assemelha não só ao caos econômico enfrentado por John Law como também a uma versão mais recente: a crise de liquidez ocorrida no final de 2008. Essa análise, baseada também em sua experiência pessoal, enfatiza o perigo do débito em excesso e no momento errado como fator iniciador da crise financeira. Para a reputação dele, infelizmente, já era tarde. Mais uma vez, estar certo no momento errado pode ser até pior do que estar errado.

Toda a formalização estrutural desenvolvida por Fisher representou uma tremenda evolução, permitindo que a comunicação através do idioma financeiro ficasse mais clara, contendo um raciocínio preciso e articulado. Ele expôs o vínculo entre o conhecimento do passado, a decisão no presente, e o valor no futuro. No entanto, o conceito de risco, como ele mesmo reconheceu, ainda estava impreciso. A sensação de insegurança passou a prevalecer dando início à era da incerteza.

Em suma

- ✓ O valor está no futuro e ele é incerto. Otimismo o faz subir, pessimismo descer.

- ✓ No presente existem apenas expectativas, se elas forem iguais às de todos nenhum valor adicional será gerado. Valor extra, sinônimo de riqueza, é gerado ou destruído com surpresas para a maioria.

- ✓ Em Finanças inteligência é necessária, mas não suficiente, e, na maioria das vezes, devido à incerteza, muita 'inteligência' ativa atrapalha mais do que ajuda.

- ✓ Ganho vem, na maioria dos casos saudáveis, do ato de empreender, de se correr risco calculado, baseado em um diferencial identificado e bem explorado.

- ✓ Ganho sem correr risco acontece somente através de monopólio ou de arbitragem: oportunidade devido ao deslocamento do valor de um mesmo ativo entre mercados ou no tempo. Se existir poderá ter vida curta, devido à competição.

- ✓ Ao investir temos que conseguir informações sólidas, de fontes confiáveis, e, preferencialmente, obtidas antes dos demais, não burlando a lei.

- ✓ Ao investir temos que pensar de forma independente e ter frieza emocional, paciência, disciplina e consistência.

- ✓ Ao investir temos que desenvolver uma vantagem competitiva em relação aos demais. Termos um diferencial.

- ✓ Ao investir devemos ter capacidade financeira para suportar um possível revés associado com o nível de investimento feito. Temos que definir nosso limite de suficiência financeira.

- ✓ Ao investir devemos estar preparados para fazer bom uso da sorte e nos precavermos contra o azar.

- ✓ Cautela em relação a esquemas mirabolantes de enriquecimento rápido e soluções fáceis é sempre bem-vinda.

- ✓ Devemos sempre buscar a competição entre nossos fornecedores, usando o mercado a nosso favor, para garantir o preço mais baixo.

- ✓ Devemos sempre buscar ter o controle sobre a fonte de nossa receita, evitando ao máximo a concorrência ou a competição direta, para garantir valores mais altos.

- ✓ Temos que avaliar bem e mantermos o grau de liquidez que nos deixa confortáveis, dentro de um custo considerado razoável.

- ✓ O mundo real e o mundo monetário estão irremediavelmente unidos. Ilusão monetária tem impacto real. Inflação e deflação 'doem' no bolso.

- ✓ Juro nominal é juro real mais inflação/deflação. Nunca devemos nos esquecer de levar essa igualdade em conta nos nossos cálculos.

- ✓ Alavancagem financeira representa débito: ele é muito bom na alta, mas é responsável pelas crises na baixa.

- ✓ Caso exista risco de aumento de inflação investir em títulos com juros indexados aos índices de inflação é uma boa opção.

- ✓ Paridade do poder de compra equivale à lei do preço único, que permite a estratégia de hedge/proteção. Em caso de desvios oportunidade de arbitragem pode surgir.

- ✓ Temos que saber vincular o valor estimado para a obtenção de algo definitivo ao fluxo de seu usufruto temporário.

- ✓ Temos que saber calcular o valor presente líquido dos nossos projetos, nem que seja por aproximação, através do valor de perpetuidade. Devemos ter nosso modelo de valorização, para referência, apesar da incerteza inerente.

5. Qual é o risco?
O impacto da crise

Enfrentando o risco

Infelizmente incerteza é inevitável. Como dizia Voltaire, escritor francês do século XVII, "a dúvida é desagradável, mas a certeza é ridícula". Em compensação, nem toda incerteza nos diz respeito. Só quando participamos e assumimos risco a incerteza nos afeta. Uma coisa é saber se uma proposta é incerta, verdadeira ou falsa; outra completamente diferente é saber se ela nos diz respeito, se nos preocupamos com ela. Quando tomamos a decisão de nos arriscarmos a incerteza passa a nos preocupar. Quando Colombo e a coroa espanhola decidiram avançar sobre a incerteza total do projeto de descobrimento do caminho marítimo para as Índias, eles se expuseram ao risco e com ele criou-se a oportunidade ainda maior da colonização da América. Apropriadamente a palavra risco deriva do latim "riscu" que significa ousar, no sentido de ser uma opção e não um destino. Enquanto a incerteza é uma percepção geral, o risco é pessoal, é individual, requer contexto. Risco é a exposição a uma situação específica onde existe incerteza e cuja consequência é importante. Ela nunca será real, pois é uma percepção. Depois do fato acontecido não existe mais risco, e antes de acontecer ela ainda não o é. Portanto, ela passa automaticamente de percepção à inexistência. O melhor que podemos fazer é sempre trazer a tona nossa percepção de risco, de forma objetiva. Sob a perspectiva de investidor ou empreendedor, de alguém que está acreditando em um cenário futuro, na realidade não se escolhe o retorno do investimento ou empreendimento, mas sim o risco que se quer correr para se alcançar esse retorno. Assim como a incerteza é inevitável, não existe retorno sem risco. Escolhe-se uma exposição ao risco e obtêm-se um valor.

Quantos ovos, em quais cestas?

Enquanto esperava para falar com seu orientador de tese de doutorado em Economia na Universidade de Chicago, na década de 50, Harry Markowitz conversou com um corretor de valores, que também estava na sala de espera, sobre sua dificuldade em achar um assunto para sua tese. Casualmente o corretor sugeriu que fizesse um estudo sobre o mercado de ações, já que ele estava interessado em usar as ferramentas matemáticas que havia aprendido e aplicá-las à economia.

Apesar da ausência de precedentes e mesmo de material para referência e consulta, Markowitz decidiu ir adiante com a sugestão. Concluiu o trabalho e ao realizar a apresentação da tese para a banca examinadora, Milton Friedman, famoso economista e um dos mais badalados ganhadores do prêmio Nobel em Economia, o interrompeu dizendo: "Harry, eu não acho que exista nada de errado com a matemática apresentada, mas eu tenho um problema. Essa não é uma dissertação em Economia, e nós não podemos te dar um título de Doutor em Economia por uma dissertação que não trata de Economia. Não é Matemática, não é Economia, e não é também Administração".

Após alguns minutos de suspense e discussão da banca examinadora, para alívio de Markowitz, a tese foi aprovada.

Dava inicio nesse momento uma revolução na área financeira, cujos reflexos e controvérsias se expandem até hoje. Como em toda revolução, o início não foi tão fácil. Ninguém prestou atenção para o artigo, baseado na tese, quando foi publicado em 1952. Demoraram 15 anos para que as idéias contidas nele fossem 'digeridas' pelo mundo acadêmico e começassem a gerar resultados práticos. Uma das consequências dessa revolução foi a de que as disciplinas de Economia e de Finanças voltaram a se separar, e a estruturação matemática passou a ser adotada de forma ainda mais profunda. Finanças passou a fazer parte do departamento de Administração das universidades, e em alguns casos até mesmo no departamento de Engenharia, embora ainda apresentasse vários conceitos e teorias em comum com o estudo de Economia.

O nome da tese, que veio a se transformar em livro, era 'Seleção de Carteira: diversificação eficiente de investimento'. Ela questionou a sabedoria popular e trouxe a variável risco para a superfície. A recomendação comum nessa época era a de se descobrir o melhor investimento e concentrar nele todos os recursos. Diversificação, distribuição do investimento em vários ativos, era visto na concepção acadêmica mais tradicional como uma admissão de não se saber o que fazer. Markowitz, porém, percebeu em seu estudo que o grau de risco tem tanta importância quanto o ganho esperado no processo de investir. A recomendação técnica da época não poderia estar correta, pois ao se colocar todos os ovos na mesma cesta o risco de ficar sem ovo algum, no caso de um acidente, seria muito grande. Portanto, só estimar o retorno médio esperado do investimento não seria suficiente, teríamos também que conhecer melhor o risco que se está correndo, com suas respectivas combinações e implicações.

Como métrica para medir risco ele usou os conceitos estatísticos de variância ou de desvio padrão: distância da média que o retorno de um investimento poderia alcançar, em uma distribuição de possíveis retornos, para mais ou para menos. Alguém com o pé no fogão e a cabeça no refrigerador, pode na média ter uma temperatura normal, mas sua variância será grande. A média é uma informação importante, mas a incerteza está na possibilidade de extremos. Ao atravessar um rio a informação importante não é a profundidade média, mas sim a profundidade máxima, pois será lá que o risco de afogamento existe. Levando esse raciocínio de média ao extremo, um adulto médio, por exemplo, poderia ser considerado como tendo um seio e um testículo. As possibilidades de crise ou fortuna vêm do fato de que pode existir uma faixa de variação de resultado grande, sendo essa a visão de risco que ele introduziu na análise financeira. Dentro dessa perspectiva, uma carteira eficiente seria aquela que oferece o maior retorno esperado para um dado grau de risco, ou o menor grau de risco para certo retorno médio esperado, e para se chegar a essa 'fronteira eficiente' temos que combinar todos os possíveis ativos para analisar seu comportamento de risco/retorno separados e em conjunto.

A grande sacada de Markowitz foi a de que ativos têm graus de co-relacionamento; isto é; se o preço do petróleo sobe companhias aéreas sofrerão em conjunto, mas companhias produtoras de petróleo se beneficiarão em conjunto. Em termos de risco, ter uma carteira só de empresas aéreas é muito próximo de ter apenas uma ação de empresa aérea. Diversificação foi a estratégia natural a que chegou, utilizando um ferramental matemático muito sofisticado. A recomendação da estratégia é a de não investir em ativos de alto grau de covariância (medida de movimentação sincronizada), ou individuais, mas sim diversificar, montando uma carteira com vários ativos não correlacionados.

Isso pode ser mais bem entendido com um exemplo muito simples utilizando uma roleta. Vamos assumir que um ativo pague baseado na distribuição de uma roleta como na figura abaixo; onde existem quatro alternativas com a mesma probabilidade de ocorrência: -$ 10, $ 0, $ 10 ou $ 20.

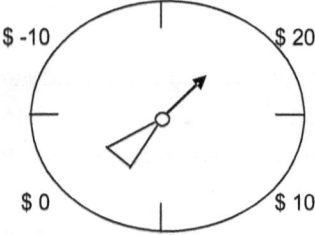

Não sendo a roleta tendenciosa, a probabilidade de que o ponteiro ao ser girado aleatoriamente pare em cada um dos quadrantes é a mesma. Assim, a chance de se ter um prejuízo de $ -10 é de 25% e a média ao se repetir esse procedimento muitas vezes é de $ 5, como representado no histograma abaixo, onde é mostrado graficamente a probabilidade da distribuição dos resultados.

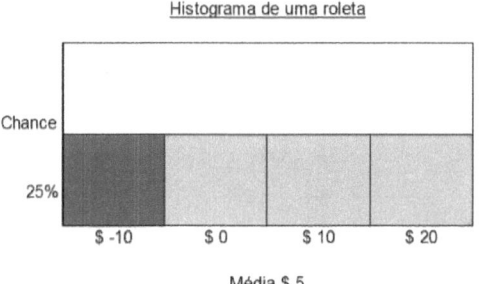

Agora vamos diversificar: passamos a ter dois ativos representados por duas roletas e o resultado final será a soma do resultado de cada roleta dividida por dois.

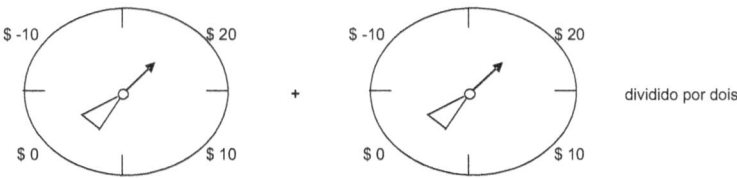

Intuitivamente ficamos com a impressão de que o resultado seria o mesmo, posto que só estaríamos tirando a média do resultado de duas roletas iguais.

Todavia, a nova distribuição de probabilidade, como mostrado no histograma abaixo indica que, embora a média e os valores extremos sejam os mesmos, a chance de se ter um prejuízo de $ - 10 caiu de 25% para 6%, pelo simples fato de distribuirmos o investimento por dois ativos. Quanto mais ativos (roletas) vão sendo adicionados à carteira mais chances existem do resultado se concentrar na média, enquanto a probabilidade de ocorrência de valores extremos diminui, tanto para cima quanto para baixo. Isso significa que com o aumento da diversificação, incluindo mais ativos cujos resultados são independentes, reduzimos tanto o risco de perda como o potencial de ganho.

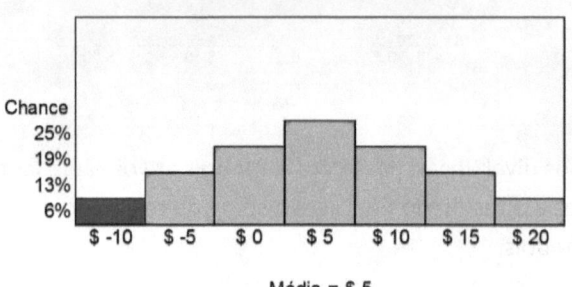

Contrário à intuição, embora a média seja a mesma, o risco (variância) é bem menor, reduzindo a possibilidade de prejuízo. Em estatística esse fenômeno é conhecido como teorema do limite central e ao aumentarmos o número de roletas o histograma tende para a distribuição chamada de normal.

Markowitz expandiu esse raciocínio assumindo todo tipo de combinações possíveis entre ativos disponíveis, buscando combinações que maximizassem o retorno e minimizassem o risco, assumido-a como sendo a variância da distribuição estatística, chegando ao elegante gráfico abaixo. Nele se delineou a fronteira eficiente onde esse objetivo seria alcançado. Os "Xs" representam algumas das possíveis combinações dentro desse gráfico, delineando o universo de riscos e retornos. Nesse modelo ideal, cada investidor teria que identificar seu grau de aversão ou aceitação de risco e comprar a combinação de ativos que o colocasse na fronteira eficiente.

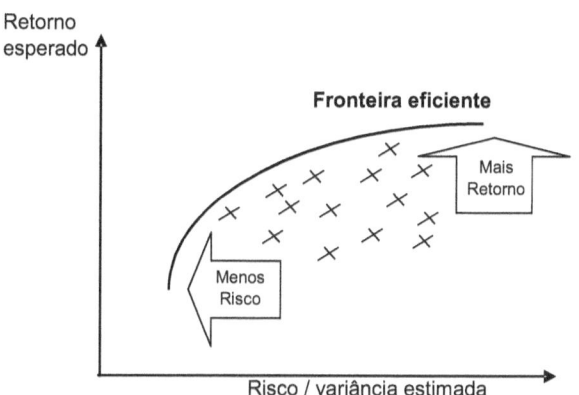

A escolha da carteira, nessa visão, dependeria de sua atitude em relação ao risco (curva de indiferença entre risco retorno). Essa escolha levaria em conta o conceito dos três Ps: preço, probabilidade, e preferência.

Essa teoria fazia todo o sentido, e era matematicamente elegante, mas na época o custo e tempo gasto para se achar computacionalmente a fronteira eficiente, e testar sua validade, era proibitiva. Para se ter algum tipo de aplicabilidade a teoria teria que ser simplificada.

Surge em cena Bill Sharpe, na época aluno de doutorado na UCLA, Universidade de Los Angeles. Ele estava buscando um assunto para sua tese e foi indicado à Markowitz, como tendo potencial para desenvolver ainda mais o seu modelo, já que possuía conhecimento de informática. O trabalho de Sharpe deu origem ao que ficou conhecido como CAPM ("Capital Asset Pricing Model" – Modelo de Precificação de Ativos de Capital). Ele criou uma nova terminologia como forma de se quantificar o risco de cada ativo individual, chamada de BETA. Ela indica quão sincronizado (correlacionado) cada ativo é com o índice total de mercado. Beta zero significa independência total em relação ao índice, não existindo nenhuma correlação entre a movimentação do preço desse ativo com o preço médio do mercado. BETA igual a 1 significa sincronização total, quando o mercado varia o ativo vai junto. Um bom exemplo nesse caso seria uma carteira composta pela maioria dos ativos que compõe o índice. Já BETA próximo de dois indicaria que uma variação para cima ou para baixo no mercado seria amplificado nesse ativo.

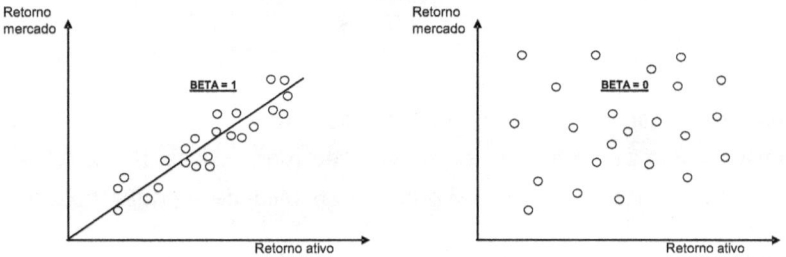

Dessa maneira chegou-se a conclusão de que existem dois tipos de risco. O risco diversificável, que é inerente a um ativo especifico, e, como o próprio nome indica, pode ser minimizado através de diversificação; isto é: combinando com outros ativos de perfil diferente, e o risco não diversificável, que é o risco de mercado como um todo.

Sharpe adicionou à análise de Markowitz o investimento em títulos do governo, como sendo um ativo sem risco. Isso possibilitou reduzir a análise ao mix de duas variáveis: quanto do investimento colocar em uma carteira representativa do mercado, tipo IBOVESPA, e quanto alocar em títulos do governo. Com essa perspectiva a fronteira eficiente foi estendida.

No novo gráfico, mostrado abaixo, "Rf" é a taxa de juros sem risco e "M" o índice de mercado de ações. A reta representa a possibilidade de combinação entre esses dois ativos, mostrando as alternativas de emprestar o pedir emprestado a essa taxa.

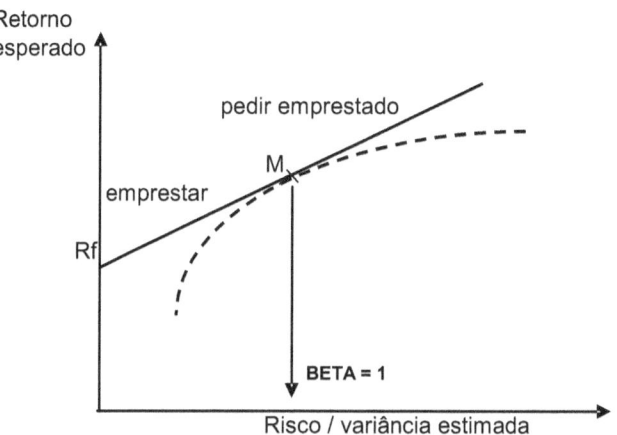

Em termos matemáticos, a fórmula derivada por Sharpe para o retorno de um ativo em função de sua correlação com o mercado é a seguinte:

$$R = Rf + BETA \, (Rm - Rf)$$

Onde "Rf" é a taxa de juros sem risco e "Rm" o retorno esperado do mercado. Em tese, conhecendo as três variáveis poderíamos estimar o retorno esperado de um ativo, "R".

A diversificação recomendada pelo modelo tem que ser profunda e real. Em situações de crise quando menos diversificados e mais alavancados estamos maior a chance de desastre, assim como de sucesso excepcional. Quando boa parte dos nossos ativos está concentrada e nos endividamos para obter esses ativos, como, por exemplo, no financiamento da compra de uma casa relativamente cara para o nosso patrimônio, se o mercado entrar em colapso, numa situação de queda no preço do imóvel, a crise se instala. Por outro lado se a aposta der certo e o mercado se tornar otimista, o retorno pode ser altíssimo.

Algumas conclusões, embora implícitas, ficaram bem mais claras a luz da perspectiva de risco/retorno:

- ✓ Pensamos que podemos ser mais espertos do que o mercado, e em alguns momentos até podemos ser, mas no final das contas nós somos o mercado.

- ✓ Como informações relevantes são mutáveis, acertar o próximo sucesso é uma tarefa difícil: pequenas apostas em várias alternativas fazem mais sentido do que uma aposta concentrada e única.

- ✓ Se quisermos retornos mais altos, temos que correr mais risco, preferencialmente risco de mercado, não diversificável.

- ✓ Como a escolha de um investimento é um jogo de soma zero, quanto mais custo associado a essa escolha mais difícil gerar um resultado acima da média.

- ✓ Média é uma informação necessária, mas não suficiente.

Como resultado desse trabalho, Sharpe e Markowitz ganharam o prêmio Nobel da Economia em 1990 e criaram não só uma linha de pesquisa em Finanças, como eles também fundamentaram a base teórica para o crescimento do mercado de fundos de investimento, particularmente para o de fundos baseados em índices. Fundos de investimento são carteiras de investimento criadas por instituições financeiras compostas por várias ações de diversos setores da economia, cujas cotas são vendidas para pequenos investidores, que não teriam capital o suficiente para montar uma carteira que fosse grande o bastante para se beneficiar dos ganhos da diversificação. Nos Estados Unidos, dentre esses fundos, os montados para refletir exatamente o perfil dos índices de mercado foram os que fizeram mais sucesso, por não só se alinhar com a recomendação teórica como também por gerar, como subproduto, a vantagem de se ter um custo administrativo significativamente menor. O impacto foi tremendo, servindo para democratizar o acesso ao investimento e ao financiamento, ao mesmo tempo reduzindo os custos envolvidos.

De uma forma prática, Sharpe recentemente resumiu sua recomendação para investidores através dos seguintes passos: diversificar, economizar, personalizar, e contextualizar.

Diversificar: Se o investidor não tem acesso a informações especiais, ele deve distribuir seu investimento através de índices, em vários ativos. Não devemos correr risco sem que se gere benefício equivalente.

Economizar: Quanto menor a taxa de administração paga melhor, quanto menos transações forem realizadas menor o custo. Não devemos gastar dinheiro à toa.

Personalizar: As características e circunstâncias próprias de cada um devem ser levadas em conta, tais como: de onde vem o salário, quais são seus principais custos, quais são as dívidas, qual é a faixa etária, e qual o perfil de risco. Respeitemos as nossas características e os nossos planos.

Como colocado por Irving Fisher, capital humano é o mais importante de todos. Temos que levar em conta também o nosso BETA pessoal.

Contextualizar: Temos que ser capazes de explicar o nosso modelo, nossos objetivos, e o cenário que projetamos, de forma coerente considerando todas as premissas e fatores que os compõe. Sejamos consistentes com o nosso cenário e o nosso modelo.

Markowitz e Sharpe deram início a uma revolução baseada em dois pilares: trouxeram a tona a variável risco e privilegiaram o método científico. Abriram as portas acadêmicas para que Físicos, Matemáticos e Engenheiros também pudessem participar do desenvolvimento da área financeira, e eles vieram, em grandes quantidades.

Mantendo as opções abertas

Atraído pela abertura proporcionada por Markowitz e Sharpe, um físico americano, com PhD em Matemática Aplicada pela Universidade de Harvard, nos Estados Unidos, foi um dos responsáveis pelo novo grande salto teórico e prático em Finanças. Chamava-se Fischer Black.

Na linha de Newton, Black não só foi um acadêmico brilhante, como também um banqueiro de investimento bem sucedido. Só não recebeu o prêmio Nobel de 1997 por ter falecido prematuramente dois anos antes, devido a um câncer na garganta. A seu crédito também conta o fato de ter tido a lucidez de não se envolver no maior fiasco financeiro patrocinado por 'gênios' do século XX. Tornou-se uma lenda na área pelo fato de ter realizado muito e morrido relativamente jovem, deixando a dúvida de até onde poderia ter ido.

No começo da carreira, quando trabalhava como consultor na Arthur D. Little, foi introduzido ao conceito do CAPM que o fascinou e o fez mudar imediatamente de área, trocando a Matemática por Finanças. Embora não tivesse nenhuma formação financeira, não tendo assistido aulas formais nem em Finanças nem em Economia, publicou, em 1973, um artigo em conjunto com Myron Scholes, então professor no MIT (Massachusetts Institute of Technology), que veio a revolucionar a teoria financeira. Como consequência desse feito inusitado lhe foi oferecido uma cátedra na Universidade de Chicago e posteriormente no próprio MIT. Fez muito sucesso como professor por sua abordagem heterodóxica. Deixava que os alunos estudassem o material dos livros-textos por si mesmos e apresentava no primeiro dia de aula 50 questões, e uma lista de leitura associada, que deveriam ser discutidas pelos alunos durante o curso. Usualmente os alunos esperavam em vão por algum direcionamento, mas ele só colocava seu ponto de vista ao final das aulas, refletindo, de maneira respeitosa, sobre as discussões realizadas. Essa era a forma que ele usava para desenvolver novas ideias, de certa maneira, apropriando-se da capacidade de jovens brilhantes ao mesmo tempo em que os auxiliava no processo de aprendizado. A cada novo ano as perguntas permaneciam as mesmas, mas as respostas evoluíam.

Possivelmente devido a sua formação pouco convencional, percebeu que a beleza de Finanças está no fato de que, diferente de outras disciplinas, teorias podem ser testadas na prática, no mercado; onde argumentações são vencidas pelo teste dos modelos propostos à luz dos resultados mensuráveis obtidos. Explorou como poucos esse aspecto, pois foi um dos primeiros acadêmicos a abandonar a universidade para aceitar o convite de um banco de investimento. No caso dele foi o

Goldman Sachs, onde conquistou a posição de sócio, em tempo recorde. Foi contratado por Robert Rubin, futuro Secretário do Tesouro Americano durante a presidência de Bill Clinton. Rubin venceu a resistência dos demais sócios da Goldman, que achavam um desperdício contratar um teórico, argumentando que "nós vamos aprender com ele, ele vai aprender conosco". Mais do que qualquer um, Black foi o responsável pela qualificação do título de "quant" (abreviação de quantitativo); denominação atribuída aos profissionais que constroem e operam modelos matemáticos no mercado financeiro. Enfrentou a desconfiança dos dois mundos: no início para os práticos era um teórico e para os acadêmicos um anjo caído. Em certa ocasião, após fazer uma apresentação na Goldman, foi perguntado por um dos banqueiros: se você é tão inteligente, por que não é rico? Ao que respondeu imediatamente com outra pergunta: se você é tão rico, por que não é inteligente? Ao final de sua vida conseguiu se tornar uma unanimidade, deixando sua marca nos dois mundos. Quando raramente aparecia na área do pregão da CBOE, bolsa de opções de Chicago, as negociações paravam em meio à gritaria e salva de palmas.

Seu nome ficou primordialmente associado a um modelo de avaliação de opções, conhecido com Black & Scholes, descrito no artigo que publicou em conjunto com Myron Scholes.

Na nomenclatura formal da área financeira, 'opções' são contratos financeiros que dão o direito, mas não a obrigação, de se comprar ou vender um determinado ativo a determinado valor no futuro. Porém o conceito de opções, no sentido mais genérico, é muito mais amplo e antigo, como já mencionado no caso do

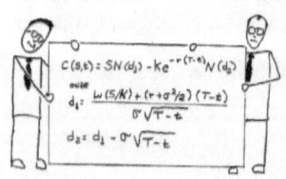

descobrimento da América pela coroa espanhola. Ao investir na viagem exploratória de Colombo a coroa espanhola passou a ter o direito, mas não a obrigação, sobre o que viesse a acontecer. Ao se confirmar a descoberta, estabeleceu-se um monopólio ganhando-se automaticamente o direito, mas não a obrigação, de se explorar as riquezas da região, ficando a cargo do detentor dessa opção a decisão de quando e como exercer esse direito.

Um exemplo mais contemporâneo seria a compra de um seguro de um carro, que funciona como uma opção de venda. Ao se pagar o custo da apólice o indivíduo tem o direito, mas não a obrigação, de vender o carro para a seguradora a um determinado valor (franquia) no caso de um sinistro com perda total. Dessa maneira se transfere um risco específico indesejado, a um preço fixo, mantendo-se o beneficio da propriedade.

Já um exemplo de opção de compra poderia ser a decisão de se alugar um imóvel por um período antes de comprá-lo (ou não), a um preço e num período fixo previamente especificado. Esse mecanismo dá a oportunidade de se coletar informações importantes sobre o imóvel e a vizinhança antes de se comprometer com um aporte financeiro maior e irrevogável. Dessa maneira pode-se transferir o risco de uma possível decepção ou inadequação a um custo determinado, equivalente ao aluguel de um período.

Outro exemplo seria a compra de um carro híbrido com possibilidade de mudança de combustível. Paga-se um prêmio no preço do carro para se ter essa opção, que nos dá o direito, mas não a obrigação, de mudarmos de combustível de acordo com a flutuação do preço relativo dos mesmos. O próprio pneu reserva que carregamos no carro também é uma opção, pois representa um seguro contra uma situação de pneu furado longe de um borracheiro. Se começarmos a olhar a nossa volta encontraremos muitos exemplos de opções, de escolhas baseadas em estruturas condicionais ou contingentes, tais como fazer uma pesquisa antes de realizar um compra.

Sob a perspectiva do Dilema do Prisioneiro o custo de se cooperar inicialmente equivaleria à compra de uma opção sobre as negociações futuras. Não se obtém o 'ganho' inicial da 'traição', mas sim a credibilidade da cooperação, mantendo-se a possibilidade de se exercer o direito de continuar cooperando ou não no futuro. Essa é a mesma razão utilizada pelos caçadores primitivos para dividir o sucesso individual da caçada com os demais membros do grupo, de maneira a poder usufruir dessa opção no momento de fracasso.

A grande vantagem da estratégia de opções é a de nos permitir explorar a assimetria da incerteza. Nem toda incerteza nasce igual e nem todo tomador de decisão está disposto a se expor ao risco completo, preferindo investir para limitar sua exposição à perda, desde que mantendo a chance de ganho. Daí surgiu a oportunidade de se desenvolver transações no formato de opções e de se precificá-las.

Assim como no nosso dia a dia gostamos de ter opções, de podermos escolher entre alternativas, estando dispostos a investir tempo e dinheiro para mantermos essas opções em aberto, esse mesmo conceito foi traduzido no idioma de Finanças, e vários mercados se desenvolveram baseados nele. No mercado de opções, compram-se e vendem-se incertezas específicas, coordenando-se a transferência das mesmas entre os participantes. Quem compra incerteza naturalmente quer que ela aumente; quem vende quer se livrar dela.

A principal função de uma opção é dar ao investidor algum controle sobre como as mudanças no mercado irão afetar as características do investimento. Por um custo, compradores de opções podem limitar suas perdas sem colocar qualquer limite nos seus lucros. Eles podem também usar opções para ganhar tempo para observar como o mercado se move antes de comprometer seu capital total. Vendedores de opções que esperam poucas mudanças nos preços de mercado podem embolsar um prêmio extra. Em resumo, opções satisfazem as necessidades tanto daqueles que buscam a proteção como daqueles que querem especular em relação ao futuro. Existem mercados de opções sobre quase todo tipo de ativo – existem opções sobre ações, títulos de dívida, commodities, câmbio, e até mesmo sobre contratos futuros.

Black e Scholes exploraram esse filão e perceberam que sob o ponto de vista de opções, os credores de uma empresa (aqueles que emprestam dinheiro para a empresa) podem ser vistos como os reais proprietários dos ativos. Eles, no entanto, implicitamente emitiram uma opção de compra, em nome dos acionistas, cujo preço de exercício é justamente o valor do empréstimo. Se o valor da empresa, no momento do pagamento do empréstimo, for maior do que o valor do empréstimo os acionistas exercem essa opção e ao pagar o empréstimo voltando a se tornar 'donos' da empresa. Se o valor dela for menor que o valor do empréstimo, os acionistas não exercem seu direito, e ao não pagar o empréstimo deixam a propriedade da empresa com os banqueiros, que emprestaram o dinheiro. O preço pago pelos forem bem maiores do que os passivos, se o empréstimo for de curto prazo, se o acionistas pela opção de não pagar o empréstimo está refletido na taxa de juros cobrada pelo banco. A taxa será pequena se os ativos fluxo de caixa do negócio for estável, pouco volátil, e será grande sob condições opostas.

Esse racional pode ser acompanhado numericamente no balanço final que desenvolvemos no capítulo 3, repetido abaixo.

Ao pegarmos um empréstimo de $ 1.000 para comprarmos uma casa de $ 2.000, colocando o imóvel como garantia, estamos na realidade 'passando' temporariamente a propriedade do imóvel para o banco e comprando deles uma opção de compra do imóvel com valor de exercício de $ 1.000, para a data do vencimento do empréstimo; isto é: aceitamos pagar os juros do empréstimo para ter esse direito de ao chegar o dia do vencimento dos $ 1.000 e descobrimos que o valor do mercado imobiliário despencou e o imóvel vale menos do que isso podermos entregar o imóvel e não pagar nada mais.

Balanço (do final do ano)			
Ativo		Passivo	
Caixa inicial	100	Empréstimo	1.000
Variação no caixa	-60	Patrimônio Líquido	
Caixa final	40	Capital inicial	1.000
		Lucro no ano	40
Casa	2.000	Capital final	1.040
Total	2.040	Total	2.040

Usando esse racional básico, mas através de cálculo diferencial e premissas de equilíbrio, Fisher Black e Myron Scholes chegaram a uma fórmula que permite calcular o valor exato de uma opção. O resultado desse trabalho foi resumido no famoso artigo chamado: 'O Preço de Opções e o Passivo Corporativo'. Da mesma maneira como a

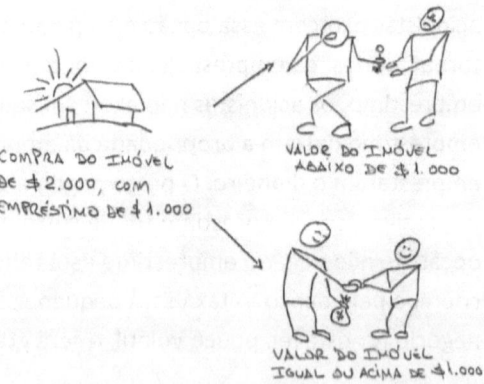

tese de Markowitz, que foi inicialmente questionada, o artigo foi rejeitado várias vezes por diversas publicações acadêmicas, pelo fato de ter pouca Economia e muita Matemática. Os autores levaram três anos para conseguir sua publicação.

Mantendo as devidas proporções, a equação de Black e Scholes quase representou para Finanças o que a mecânica Newtoniana para a Física. Foi nessa época que a abordagem teórica financeira se inverteu, passando a valorizar cada vez mais a complexidade matemática nas exposições. Os artigos, para serem publicados, passaram obrigatoriamente a ter muita derivada e integral. Os matemáticos e físicos começaram a assumir o poder e se vingar.

Como pode ser observado abaixo, a fórmula para o cálculo de uma opção de compra obtida pelo modelo é complicada.

$$C(S,t) = SN(d1) - K \text{ exponencial}(-rt) \, N(d2)$$

onde d1 = (ln(S/k) +(r+desvio padrão^2/2)(T-t)) /(desvio padrão.x raiz quadrada de T-t)   e   d2 = d1 – desvio padrão x raiz quadrada de T-t

Não precisamos nos preocupar com a fórmula, pois seu raciocínio, no entanto, pode ser demonstrado de forma simples seguindo um exemplo binário.

É possível construir uma estratégia de proteção ("hedging") ao se comprar uma quantidade do ativo, parcialmente financiado com um empréstimo, desde que essa estrutura possua, no próximo período, fluxo de pagamento equivalente ao de uma opção, sobre esse mesmo ativo. O valor dessa compra alavancada deve necessariamente custar o mesmo que a opção para que não haja oportunidade de arbitragem.

Caso contrário, como já vimos, compra-se a estrutura subavaliada e vende-se a estrutura superavaliada, embolsando a diferença no vencimento.

Em exemplo numérico a situação seria a seguinte: o ativo 'hoje' vale $ 10 e pode valer 'amanhã' somente $ 30 ou $ 1. Uma opção de compra de preço de exercício de $ 12 é oferecida no mercado. Isso significa que quem comprar essa opção pode exercer o seu direito de comprar a ação por $ 12 amanhã, caso o valor no mercado esteja acima desse valor, ou deixá-la expirar sem exercer esse direito, caso o valor esteja abaixo de $ 12. Os juros para o período são de 10%.

Qual deveria ser o valor dessa opção?

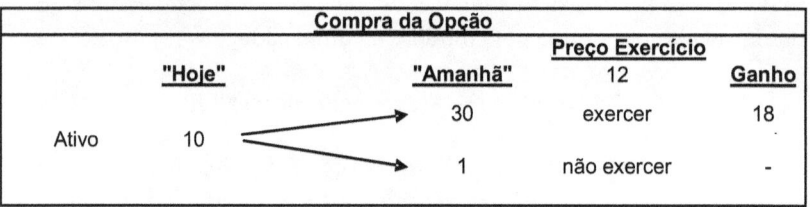

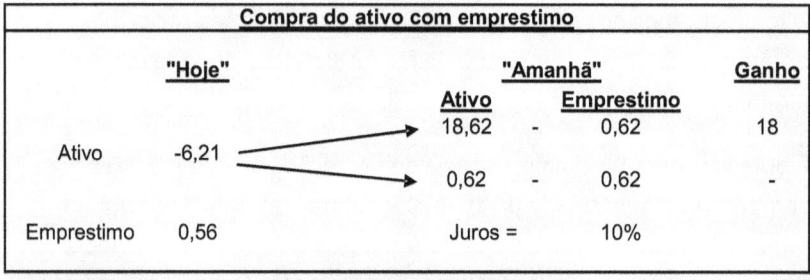

Na demonstração acima, montamos uma carteira com um percentual do ativo (62,1%) e um empréstimo (0,56 a 10% no período) de tal maneira que os resultados finais nos dois possíveis cenários são os mesmos que obteríamos com uma opção de compra (ou 18 ou 0). Como os ganhos finais são similares nas duas alternativas, o custo inicial também tem que ser o mesmo, de forma a não haver oportunidade de arbitragem. Dessa maneira o custo da opção de compra tem que ser de $ 5,64 (valor da compra do ativo menos o empréstimo); valor que iguala os dois cenários.

Para o nosso propósito, a fórmula precisa é menos importante do que os termos que aparecem nela. Não é necessário ser um expert em opções de compra para entender os principais conceitos envolvidos.

- Quanto maior o preço desse ativo em relação ao preço a partir do qual a opção possa ser exercida (o custo que se paga para exercer o direito adquirido) maior o valor da opção.

- Quanto mais tempo é permitido para se exercer esse direito, maior o valor da opção.

- Quanto maior a taxa de desconto no período maior o valor da opção.

- Por último, quanto maior a volatilidade (risco associado ao ativo ou projeto) maior o valor da opção. São em períodos de incerteza e crise que o valor de se ter uma opção aumenta.

Quanto maior o diferencial de preço, o prazo para o exercício, a taxa de desconto e a incerteza quanto ao preço do ativo, maior a possibilidade de ganho, enquanto a possibilidade de perda é limitada. Particularmente

O último ponto é importante frisar, pois ao contrário da intuição, quanto maior a incerteza do valor do ativo maior o valor da opção de compra do mesmo. Um investidor que compra uma opção de compra está basicamente comprando volatilidade (risco), ou para especular ou para se proteger contra a turbulência do mercado. Quanto maior os altos e baixos do mercado, maior o valor das opções. Um mercado de opções gera a habilidade de se colocar um preço em um risco específico. Liquidez, a capacidade crítica de mudarmos de opinião e vendermos um ativo rapidamente é uma opção, transformando compromisso inicial de longo prazo em dinheiro imediato. Assim como mantermos o dinheiro debaixo do colchão num momento de perspectiva de crise também o é. Ao comprarmos uma opção de compra ganhamos flexibilidade.

Voltando ao episódio que contrapôs Roger Babson à Irving Fisher, podemos dizer que a estratégia de Babson, muito utilizada por consultores e gurus de maneira geral, foi a de emitir de forma abstrata uma opção de venda sem data de exercício, num ambiente extremamente incerto. Ao afirmar que uma crise estaria por vir, sem especificar prazo, intensidade ou detalhe, e sem colocar seu próprio recurso nessa estratégia extremamente assimétrica, ele criou uma opção de valor imenso. Os clientes que aceitassem sua argumentação o achariam um gênio caso uma crise realmente acontecesse, como ocorreu, e o contratariam a peso de ouro. Se a crise não ocorresse não poderiam culpa-lo, pois ela ainda poderia ocorrer em intensidade e formato desconhecido. Joga-se a moeda para o alto: se der cara eu ganho e se der coroa você perde.

Já Irving Fisher, ao contrário de Babson, não flexibilizou ou utilizou qualquer proteção maliciosa relacionada a opções. Ele fez sua afirmação de que acreditava que o mercado no momento continuava propício e, honestamente, colocou todo o seu recurso por trás dessa crença, de forma alavancada, numa aposta de tudo ou nada, que deu em nada.

Para efeito comparativo, para um melhor entendimento, podemos introduzir o impacto da opção no exemplo numérico realizado dentro da representação gráfica que fizemos para demonstrar o conceito de alavancagem versus conservadorismo, no capítulo 3.

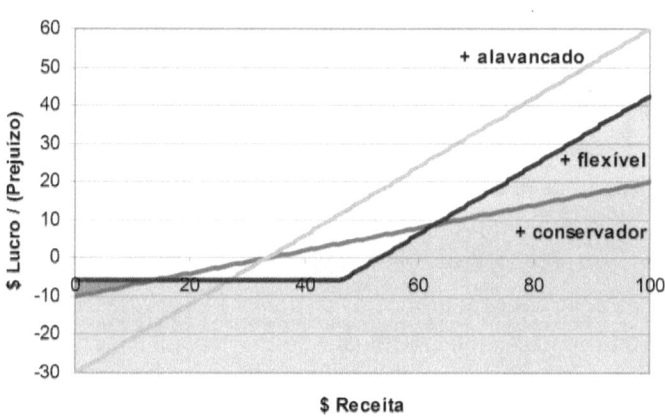

A compra da opção de compra dá mais flexibilidade: cobra-se um custo para se eliminar risco de prejuízo grande ao mesmo tempo deixando em aberto a possibilidade de ganhos consideráveis. Pode-se ver que basicamente o que fazemos é comprar um seguro contra a possibilidade de prejuízo alto. A indústria de seguros se desenvolveu explorando essa característica existente no conceito de opção; a venda de um direito contingente. Se algo desfavorável acontecer o prêmio pago cobre o infortúnio.

A teoria de opções também foi a base para o desenvolvimento do mercado de derivativos, que como o nome indica, são ativos cujo valor deriva de outros ativos. Para explorar esse filão um novo segmento chamado de Engenharia Financeira se desenvolveu, atacando a complexidade do tratamento matemático necessário para fatiar e isolar os riscos a serem transacionados. Esse é um mercado de trilhões de Reais.

Excessos recentes no desenvolvimento de derivativos exóticos, cujo valor em muitos casos nem o próprio criador entende, levaram alguns a questionar a validade de todo o conceito de opções. Derivativos chegaram a ser classificados como sendo "armas de destruição em massa", "bombas financeiras de hidrogênio", e "lixo tóxico". A mensagem, como sempre na história financeira, é, caso não se esteja no comando, caso não se entenda o risco que se está correndo, evitar ao máximo se envolver com propostas complexas e confusas. Devido em parte a sua complexidade individual e ao charme advindo da classificação de exóticos, alguns derivativos, embora atraentes, não ajudam no processo de transferência de risco, mas sim, ao mascará-lo, confundem e ampliam desproporcionalmente seu potencial impacto negativo. Temos que perceber que não existe nem sofisticação nem benefício na ignorância: se não sabemos explicar é porque não sabemos o que estamos fazendo. Modelos, como já colocado anteriormente, são incompletos por definição, mas precisam ser entendidos. É de primordial importância a identificação de suas deficiências, assim como das premissas que se estão assumindo, e, particularmente nesse caso, de se ter uma identificação clara do risco contra o qual se está tentando proteger ou se especular. A complexidade de instrumentos financeiros pode aumentar, tem aumentado, e deve continuar aumentando, mas a base financeira é a mesma. Sem explicitar objetivos, limitações, e riscos ao longo do tempo estaremos nos enganando e alimentando nossa própria crise. É necessário sermos explícitos o máximo possível.

O reconhecimento pelo trabalho realizado sobre a teoria de opções ocorreu em 1997, com o prêmio Nobel em Economia sendo concedido a Myron Scholes e a Robert Merton, outro colega do MIT que contribuiu de forma independente para o desenvolvimento da área. Devido à sua morte prematura, Fischer Black, embora lembrado, foi a grande ausência na premiação.

A história dos teóricos das opções deveria terminar por aqui, em seu ápice, mas infelizmente não foi bem assim.

Quando os gênios faliram

Em 1994, três anos antes de serem agraciados com o Nobel, Myron Scholes e Robert Merton foram convidados por ex-alunos do MIT, que agora eram os mais badalados operadores do banco Salomon Brothers, para abrir um fundo de investimento chamado "Long Term Capital Management (LTCM)", que pode ser traduzido como Administração de Capital de Longo Prazo. Seria um fundo de "hedge", onde hedge significa a aplicação de estratégias de proteção para a redução de risco. Seguindo o método utilizado na demonstração do cálculo de uma opção, a ideia dessas estratégias é a de se assumir uma posição contraria à já existente em ativo similar, de maneira a que aumentos ou quedas de valor se contrabalanceiem reduzindo o impacto em relação à variável incerta, contra a qual se quer defender. Na teoria, seguindo o conceito de arbitragem discutido anteriormente, hedge perfeito é aquele que dá resultado nulo: simplesmente elimina-se o risco específico, como, por exemplo, o da eliminação de uma variação cambial em uma transação. Continua-se a obter o resultado em moeda local, mas agora indiferente à flutuação de câmbio. Se o resultado financeiro da eliminação desse risco, no entanto, não for zero, daria margem à arbitragem, tal como nas situações exploradas pelos irmãos Rothschild.

A proposta do fundo era a de empregar a última palavra em tecnologia, capacidade intelectual disponível, e muito dinheiro para identificar e montar estratégias de hedge onde possibilidades de arbitragem existissem, mesmo que em valores muito pequenos, mas que pudessem ser explorados com a aplicação de uma grande quantidade de capital. Seriam transações de risco mínimo, mas envolvendo grandes somas. Naturalmente essas oportunidades por serem raras, quando aparecem requerem um investimento de capital muito grande para que o retorno seja significativo. A aposta era na convergência entre os valores de títulos, ativos, ou derivativos ao longo do tempo; daí o nome do fundo. Essa estratégia foi descrita como sendo um aspirador de pó sugando centavos pelo mundo todo. Uma transação típica era a compra de um ativo teoricamente subavaliado, por não ter muita liquidez, e a venda de outro similar, mas superavaliado, devido a sua alta liquidez. Assumia-se que, sendo os ativos similares, em um determinado momento a convergência nos valores aconteceria necessariamente. Toda a estratégia do fundo era mantida em total sigilo e a busca por investidores se baseou apenas na reputação dos integrantes da equipe: nenhuma informação era passada para quem quisesse investir no fundo. Quem não gostaria de investir com prêmios Nobel e autores dos modelos mais badalados do momento? Para investir inicialmente nesse fundo era necessário um mínimo de US$ 10 milhões. Esse foi o primeiro fundo a levantar US$ 1 bilhão na sua fundação. Como exemplo da pretensão e do modus operandis do fundo, em uma das apresentações para uma grande seguradora Myron Scholes ao ser questionado por um executivo que afirmou que não existiriam tantas oportunidades de arbitragens no mercado como estava sendo dito, respondeu furioso: "você é a razão – por existirem idiotas como você é que nós conseguimos". Apesar da pretensão e da arrogância, ou talvez por causa delas, eles chegaram a administrar US$ 100 bilhões em ativos, obtendo nos primeiros anos retornos na faixa dos 40% ao ano.

Fischer Black foi convidado para ser sócio, mas recusou imediatamente, afirmando posteriormente para a esposa que "o fundo estava carregado de risco". A afirmação de Black veio a ser demonstrada como correta em 1994, durante a crise de pagamento da dívida externa da Rússia. Os mercados entraram em colapso e houve uma fuga generalizada e concomitante para ativos seguros. Nesse ambiente a lógica do hedge e da correlação entre ativos se perdeu. Em vez de convergir, as diferenças aumentaram em todos os mercados simultaneamente. Devido à grande alavancagem, com o fundo operando com U$ 29 de dívida assumida para cada US$ 1 de capital próprio, da noite para o dia as transações que pareciam ser hedges começaram a gerar prejuízos monstruosos e os bancos deixaram de receber os juros, entrando em pânico. No final faltou exatamente o que eles estavam fornecendo ao mercado: liquidez. Em apenas um dia o fundo chegou a perder U$ 550 milhões; em um mês U$ 1,2 bilhões. Para evitar uma catástrofe o Banco Central americano interveio e patrocinou uma venda rápida e coordenada de seus ativos para alguns bancos.

Eles enfrentaram o Paradoxo do Banqueiro, que nesse caso também pode ser generalizado como Paradoxo da Liquidez: 'guarda-chuvas' foram oferecidos em grandes quantidades enquanto o sol estava brilhando e a oferta desapareceu imediatamente assim que caiu o primeiro pingo. Liquidez também funciona como uma opção; é o custo que se paga para ter o direito, mas não a obrigação, de exercer esse direito de investir em ativos menos líquidos mais adiante. Como toda opção, existe um custo associado. No caso da liquidez o custo seria o de 'ineficiência', de deixar dinheiro 'parado', de ter um crédito não completamente utilizado. LTCM decidiu não só apostar, como triplicar a aposta no modelo, alavancando-se, assumindo que a liquidez viria do mercado, quando precisassem, a custo zero. Ao apostarem tudo e mais um pouco na eficiência do modelo ficaram insolventes.

Mais uma vez, em meio a uma crise, ficou difícil de diferenciar quem era o gênio e quem era o idiota. No desfecho Henry Kaufman, um veterano banqueiro que trabalhou com algum dos sócios do LTCM na Salomon Brothers, comentou que "existem dois tipos de pessoas que perdem dinheiro: aqueles que não sabem nada e aqueles que sabem tudo. Com dois prêmios Nobel em casa, a LTCM claramente se encaixa no segundo caso". No final a estratégia foi descrita como sendo um aspirador de pó sugando centavos despreocupadamente na frente de um trator.

O desastre do LTCM demonstra muito bem a lógica do 'Cisne Negro', também conhecido em Filosofia como o problema de indução, popularizada pelo autor Nassim Taleb, no best-seller com esse nome. O título vem do fato de que os europeus, até 1770, tinham certeza de que só existiam cisnes brancos e seriam capazes de apostar qualquer quantia nessa afirmação, pois ao longo dos anos comprovadamente só nasciam cisnes brancos. Ao desembarcarem na Austrália descobriram espantados que, apesar de toda evidência em contrário, existiam cisnes pretos.

Nunca podemos provar uma hipótese; ao contrário, o que podemos fazer é mostrar que ela é falsa. O que a lógica indica é de que, caso a consequência seja séria, basta uma ocorrência, por mais improvável que pareça inicialmente, para causar uma tragédia, que depois de ocorrida fica fácil de explicar. Certo grau de ceticismo em relação à nossas certezas é sempre recomendável.

Como pode ser visto no gráfico abaixo, comparando um dólar investido no LTCM, na linha contínua, versus o mesmo dólar investido no índice da bolsa americana S&P, na linha pontilhada, durante o período de existência do fundo, os administradores do LTCM não respeitaram a lógica do cisne negro. Ganharam muito aos poucos e perderam tudo de uma vez só.

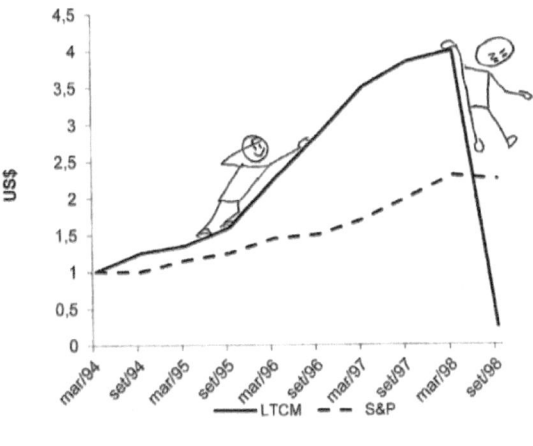

U$1 investido no LTCM vs S&P

Em Finanças não existem super-heróis, com superpoderes. Temos que desenvolver e explorar capacidades, nossas e de parceiros, através do poder gerado por conexões dentro de redes de conhecimento social e profissional, da inteligência coletiva, e estarmos prontos a assumir riscos explícitos e limitados, de forma inteligente.

Desafiando os deuses

'Desafio aos Deuses' poderia ser uma interpretação religiosa da aventura do fundo LTCM, mas na verdade é o título dado a um livro sobre a história da análise do risco, publicado pelo americano Peter Bernstein. Nele o autor revela a profundidade da pesquisa realizada e todo seu conhecimento sobre o assunto, fazendo dele um dos maiores especialistas em risco, e particularmente em risco financeiro. Além de prolífico escritor, era um economista que trabalhou no Banco Central americano, foi oficial de inteligência na segunda guerra mundial, editor, historiador, professor, educador, e administrador financeiro, tendo buscado conciliar ao longo de sua carreira a prática e a teoria. Não ganhou o prêmio Nobel, embora tenha convivido com alguns dos ganhadores. Também não lecionou em universidades badaladas, apesar de ter sido convidado a participar em conferências em diversas delas. Demonstrou ao longo da vida, no entanto, um grau de sabedoria incomparável, e seguramente um grau de bom senso superior à da maioria dos 'gênios' com os quais conviveu. Para colocar em perspectiva o tema incerteza/risco, vale a pena sumarizar suas principais conclusões sobre o assunto.

Para ele incerteza significa que mais coisas podem acontecer do que irão acontecer: uma forma sofisticada de dizer que não sabemos o que vai acontecer. Se não sabemos o que acontecerá, algumas surpresas poderão ser boas e outras poderão ser ruins. Portanto, incerteza não  significa necessariamente perigo, apenas que não sabemos o que o futuro nos reserva. Temos que estar conscientes de que ao aceitarmos a incerteza abrimos mão da segurança para o bem ou para o mal, assim como ao eliminarmos completamente o risco optamos pela segurança excluindo tanto a possibilidade de perda quanto a de probabilidade de ganho, inerente à incerteza.

A noção de que o futuro se baseia em algo mais do que o desejo dos deuses foi, para ele, uma idéia revolucionária, que ocorreu somente há 350 anos atrás; muito pouco se levarmos em conta a evolução humana. Superstição pôde, a partir daí, ser gradualmente substituída por análises científicas e técnicas de hedging/proteção.

Por outro lado, como ele gostava de citar, em 1703 o matemático Gottfried von Lebniz, concorrente de Newton no desenvolvimento do cálculo diferencial, disse em correspondência ao seu amigo Jacob Bernoulli, um dos pais da teoria da probabilidade, que a natureza trabalhava através de padrões, mas só parcialmente. Colocou essa afirmação final em grego, em uma carta escrita em latim, que era o idioma culto da época, para enfatizar a importância dessa pequena observação. Sempre existirá um grau de imprevisibilidade. A matemática, portanto, pode nos ajudar apenas parcialmente na administração da incerteza, sendo mais uma ferramenta. O que não pode ser administrado algumas vezes é justamente o coração do risco, pois o risco é uma sensação e não um fenômeno fisicamente mensurável. Risco, em sua essência, é sobre como tomamos decisões e só incidentalmente sobre a matemática que empregamos para chegar a essas decisões. Sempre existirá incerteza. Embora exista uma tendência natural de extrapolarmos o histórico e de confiarmos de maneira infundada nessas previsões, assumindo um cenário mais provável como quase certo de acontecer, nada é 100% certo. Enquanto 95% de probabilidade é estatisticamente significativa, ainda ficamos no escuro em relação aos 5% remanescentes. Naturalmente podemos aceitar o risco e apostar nos 95%, mas ainda permaneceria a possibilidade de estarmos errados. Para ele, a questão crucial a ser perguntada é: qual seria a consequência caso aconteça os 5%? De maneira genérica, por mais que nos esforçamos não sabemos o que acontecerá. Mesmo os mais brilhantes gênios matemáticos nunca serão capazes de nos dizer como será o futuro.

Tendo vivido até os 90 anos de idade, Bernstein entendeu que mesmo uma grande experiência e um vasto conhecimento sobre um determinado assunto não nos dá o poder de prever o futuro. Só podemos nos guiar através de percepções e da montagem de modelos da realidade, que essa experiência nos possibilita. É inevitável, portanto, que um determinado percentual de nossas decisões gere resultados ruins. Dentro desse processo a inteligência não está no acerto ou erro, mas em focar realisticamente na consequência da possibilidade de se estar errado, checando constantemente as premissas por trás da estimativa. Entender que não sabemos o futuro é uma afirmação simples, mas muito importante.

O momento mais arriscado é quando começamos a acertar muito. É ai que temos a tendência de superavaliar nossas 'boas decisões'. Quanto menos arriscada a decisão parece, mais arriscada ela pode se tornar, pois o resultado adverso passa a ser desconsiderado, aumentando substancialmente a consequência de seu impacto desfavorável. As consequências de um determinado risco são atributos do tomador de decisão, não do instrumento. Um motorista novo quando bate apenas arranha o carro, pois tem medo de se expor; já o que se considera experiente, devido a essa suposta experiência, se expõe à possibilidade de impactos adversos muito maiores do que um simples arranhão.

Dentro dessa mesma linha de raciocínio, cuidado deve ser tomado em relação aos especialistas, particularmente se enfrentamos o problema de segregação entre principal e agente, descrito quando discutimos sobre os piratas. Se o impacto da consequência for apenas nosso, mas a estimativa de probabilidade de ocorrência de um agente, seja ele especialista do que for, temos que entender muito bem esse impacto antes de tomar uma decisão. Já que sem sobrevivência não existe sucesso, as consequências, portanto, são mais importantes do que probabilidades. O processo de decisão deve sempre dominar e se impor à análise de probabilidade. Assim sendo, a pergunta chave no processo de decisão deve ser: "O que acontecerá se estivermos errados?" Esse é o elemento crucial: nunca devemos assumir um risco que não precisamos necessariamente assumir. Carrega-se um pneu estepe não porque se acredita que um pneu irá furar, mas sim pela potencial consequência de um pneu furado num local isolado e sem apoio. Paga-se, portanto, o custo de um estepe e do fato de ter que transportá-lo o tempo todo, para se ter o direito de utilizá-lo num momento adverso, de forma similar à uma opção financeira, um seguro.

Diversificação, na visão dele, é uma boa estratégia justamente por ser um explicito reconhecimento de ignorância. Serve como estratégia de sobrevivência, mas também garante uma exposição a possíveis oportunidades não vislumbradas de antemão.

Também via o risco e o tempo tão intimamente relacionados que praticamente poderiam ser considerados a mesma coisa. O que os diferenciaria seriam apenas o grau de reversibilidade das decisões, o nível de liquidez dos processos e os custos associados.

Para ele o foco deveria estar na redução da consequência de perda, em técnicas de sobrevivência, que ele chamava de Administração de Risco.

As técnicas, sujeitas as características da situação, seriam:

- Restringir as decisões em situações sobre as quais temos controle, podendo administrar a probabilidade de perda (contratação seletiva)

- Quebrar a decisão de longo prazo em diversas decisões sequenciais de curto prazo (modularidade – opção de compra)

- Distribuir o risco em várias decisões paralelas, de maneira a reduzir a consequência da perda (diversificação)

- Segurar ou formatar a decisão de maneira a poder abandonar o compromisso antes que a perda aconteça (opção de venda)

Ele usou uma bela metáfora para explicar a forma como administrava seu capital. Dizia que deveríamos tratá-lo como nossas crianças – o principal vínculo entre o nosso presente e o futuro incerto. Não deveríamos assumir risco de maneira a que uma situação sem controle possa explodir na nossa frente, porque no caso de grandes perdas possivelmente não teremos uma segunda chance. Quando investimos não é o capital de hoje que estamos administrando, mas nossa situação no futuro. Sob a perspectiva do 'dilema do prisioneiro', ele assume que ao tomarmos decisões de investimento estamos sempre jogando contra nós mesmos no futuro: podemos cooperar ou trair a nos mesmos amanhã. Precisamos, portanto, cuidar bem das 'nossas crianças': com consideração e atenção para as consequências.

A fórmula da fortuna

Seguindo a mesma linha de raciocínio de Bernstein, assim como existiu um Cantillon na época do John Law, no período da LTCM, em contraponto, temos Edward ('Ed') Thorp, uma espécie de referência para os profissionais do mercado financeiro americano.

Ele talvez seja o personagem que mais se aproxima do aspecto mitológico inerente ao sucesso financeiro. É um ex-professor de matemática americano, que ao invés de ficar tentando convencer os outros da validade de suas teorias resolveu primeiro aplicá-las, comprovando antes que funcionam, para só então publicá-las.

Começou descobrindo uma forma de aumentar a chances de ganho no jogo de "Blackjack" (Vinte-e-um), num processo de contagem das cartas, e explorou-a nos cassinos até não ser mais bem-vindo neles. Só aí publicou um livro sobre o método. Na sequência, enquanto dava aula no MIT, onde também lecionaram Myron Scholes, Fisher Black e Robert Merton, juntou-se ao colega Claude Shannon, o responsável pelo desenvolvimento da Teoria da Informação e pai da revolução digital, que popularizou o 'bit' como unidade de informação, na tentativa de desenvolver o primeiro computador portátil, com o intuito de melhorar a chances de vitória na roleta. Esse projeto informal e familiar, com o envolvimento das esposas de ambos, embora parcialmente bem sucedido, foi interrompido pelo risco de violência por parte dos cassinos e pela limitação de tempo que dispunham. Como desafio final atacou a questão do investimento financeiro, tendo criado com esse intuito o primeiro fundo de "hedge", chamado de "Princeton-Newport Partners", que de 1969 à 1988, período de sua existência, nunca teve sequer um semestre de prejuízo, tendo acumulado retornos em média de 16% ao ano.

Curiosamente, quando lecionava na Universidade da Califórnia, em Irvine, foi também colega do Bill Shape, durante a época em que este estava desenvolvendo a teoria do CAPM; abordagem, sob certos aspectos, oposta a sua perspectiva. Foi lá que publicou suas primeiras investidas no mundo financeiro no livro "Beat the Market: A Scientific Stock Market System" (Vença o Mercado: Um Sistema de Mercado de Ações Científico), em coautoria com outro colega, Sheen Kassouf. No livro ele tratava de estratégias voltadas para a utilização de opções financeiras, um assunto ainda desconhecido. Quando Fisher Black leu o livro percebeu que Thorp estava utilizando conceitos que se assemelhavam aos considerados na sua pesquisa, e decidiu consulta-lo antes de publicar o seu famoso artigo. Não sabia ele que Thorp já havia deduzido, seis anos antes, três fórmulas similares a que seria conhecida como 'Black & Scholes', e que, de acordo com as limitações e disponibilidades do período, já as aplicava com sucesso na estratégia de seu fundo. Sentindo que sua vantagem competitiva em opções estava chegando ao fim Thorp mostrou para Black alguns dos resultados preliminares que havia obtido na prática com suas fórmulas, confirmando a validade teórica do artigo, e passando a acelerar a sua própria pesquisa ao perceber que o mundo acadêmico estava alcançando-o.

Sua sequencia de sucessos só foi interrompida pelo envolvimento do seu sócio com o banqueiro-celebridade Michael Milken, que foi preso por manipulação fraudulenta do mercado de títulos de alto risco, na década de oitenta. Apesar de não ter sido formalmente acusado de nada, mas devido à repercussão negativa, a partir dai fechou seu fundo e passou a administrar somente a sua própria fortuna.

Assim como Black, devido ao seu status de investidor dos investidores, foi convidado a se associar à LTCM, e também como ele recusou o convite ao diagnosticar que eles não tinham qualquer vantagem competitiva, apenas uma capacidade de se alavancar excessivamente, correndo riscos desnecessários.

Essas foram as duas principais preocupações que o próprio Ed Thorp realça de sua filosofia de investimento, sendo de interesse para nosso passeio por Finanças, devido ao contraste com o que a teoria pregava na época: ter um diferencial sobre os demais e não correr riscos desnecessários. Seu fundamento se baseia no que ficou conhecido como o 'Critério de Kelly', também popularizado como a 'Fórmula da Fortuna'.

Durante o período que conviveu com Claude Shannon Thorp recebeu dele cópia de um artigo publicado por um físico brilhante que havia trabalhado com ele na área de pesquisa da companhia telefônica americana ("Bell Labs"), chamado John Kelly. Nele Kelly utiliza conceitos desenvolvidos por Shannon para a Teoria da Informação, que lida com a eficácia na transmissão de mensagem de um emissor para um receptor, mas criativamente adaptados para se aumentar o acúmulo de capital em investimentos sequencias sob incerteza, usando como exemplo a aposta em corrida de cavalos. Kelly aplicou a teoria de Shannon a vários problemas, não só financeiros, incluindo um, em inteligência artificial, no processo de se ensinar um computador a cantar. Foi numa visita do escritor Arthur C. Clarke ao Bell Labs que surgiu a ideia de se mostrar o computador homicida Hal, do livro/filme '2001: uma Odisseia no Espaço' cantando uma musica infantil ao ser desligado. A música utilizada foi a mesma que Kelly ensinou ao IBM 704 com o qual trabalhava. Infelizmente Kelly veio a falecer ainda jovem, não conseguindo o reconhecimento merecido, e aparentemente não tendo a chance de utilizar seus conceitos na prática.

Por se encaixar bem dentro da abordagem adotada por Thorp, ele desenvolveu a fórmula de Kelly e aplicou sua essência em várias de suas estratégias.

Em linhas gerais a Teoria da Informação trata de forma bem sucedida de dois parâmetros essenciais a qualquer estratégia de investimento: incerteza e informação. A premissa da teoria é a de que informação existe somente quando o emissor está dizendo algo que o receptor não sabe e não pode prever com segurança: a verdadeira informação é imprevisível. Portanto, a essência da mensagem é sua improbabilidade (surpresa). Um tratamento binário (0 ou 1 - bit) e matemático foi dado a esse grau de ignorância, chamado de entropia, e fatores como interferência, redundância e capacidade de um canal de transmissão foram relacionados de maneira a se obter uma metodologia prática, que está por trás da revolução digital que ainda estamos experimentando.

John Kelly utilizou essa estrutura lógica fazendo uma analogia ao problema de um apostador que recebe informações imprecisas sobre o cavalo ganhador, segundos antes da notícia se tornar de conhecimento público. Essas informações seriam algo que o 'mercado' ainda não sabe, sendo, porém, probabilísticas, devido à imprecisão. Tendo uma vantagem competitiva, o apostador teria uma expectativa diferente da existente no mercado. A questão que ele colocou foi a seguinte: qual deveria ser o tamanho da aposta, levando em consideração os dados que o apostador tem, de maneira a maximizar o capital á longo prazo?

A resposta que ele desenvolveu, e que ficou conhecido como o critério de Kelly, pode ser resumida de forma simplificada na seguinte fórmula:

fração do capital a ser investido = valor esperado da aposta / valor a ser pago no caso de acerto

Ou matematicamente:

$$f = (p\,(b+1) - 1) / b$$

onde f é a fração do nosso capital a ser investido, p é a nossa estimativa de probabilidade de acerto, e b é o quanto se paga por cada $ investido na nossa aposta.

Se uma aposta está pagando $ 5 para cada $ 1 apostado e nós achamos, baseados em informação sólida, de que essa aposta tem 60% de chance de sair vitoriosa, deveríamos investir 52% do nosso capital nessa aposta ((0,6 x (5 +1)-1)/5).

O critério, de aparência modesta para uma equação também conhecida como a 'Fórmula da Fortuna', só é matematicamente válido se a oportunidade de investimento se repetir continuamente, com as mesmas probabilidades e o mesmo retorno sobre o capital investido, sendo, portanto, uma situação idealizada.

Como referência genérica, no entanto, o critério é profundo, pois implica na manutenção da ambição financeira, mas limitada pela prudência. Ele recomenda que a melhor estratégia é aquela que oferece a oportunidade do maior retorno consistente com a eliminação do risco de se 'quebrar'. Assume que a única maneira de se enriquecer é tendo uma perspectiva diferente, e provavelmente mais correta, do que a maioria, mas, como mesmos eventos improváveis eventualmente acontecem, qualquer um que aceite o risco de perder tudo irá perder tudo em algum momento. O investidor que usa o critério de Kelly administra o dinheiro de maneira a continuar solvente para que a lei dos grandes números comece a trabalhar. Para ela estatística útil é aquela persistente e previsível: quando se tem um bom processo/aposta e a sorte tem pouca influência sempre se obtém um bom resultado, e quando o acaso interfere, um bom processo/aposta gerará também um bom resultado, mas somente após um tempo. Ela destaca a importância da boa definição do tamanho de uma aposta binária à luz das estimativas de probabilidade, levando a busca de um equilíbrio entre agressividade e conservadorismo, motivada pela necessidade de sobrevivência e de acúmulo (maximização do logaritmo dos recursos).

Thorp acrescentou outro ingrediente de conservadorismo no critério, propondo usar-se um percentual desse valor, tal qual a 'metade de Kelly'. Segundo ele, além das premissas serem estruturadas num universo idealizado irreal, com oportunidades similares acontecendo de forma continua e eternamente, o critério requer uma precisão na estimativa da vantagem competitiva sobre o mercado que é inalcançável, e por segurança, dentro do conceito de necessidade de sobrevivência, valeria a pena sacrificar um pouco do retorno esperado com a utilização de uma fração menor do que a proposta pela fórmula.

Ao contrário da teoria acadêmica clássica, que recomenda de maneira genérica o investimento do capital numa carteira totalmente diversificada, num mundo eficiente, de equilíbrio estável entre risco e retorno, a visão prática de Thorp é a de que não se deve investir em ativo de risco sem que se tenha algum tipo de vantagem competitiva, que pressupõe graus de ineficiência. Além disso, ele assume que muito risco não leva necessariamente à maior retorno, mas sim a uma provável falência no longo prazo. Nesse caso deve-se investir apenas uma fração do capital, consistente com essa diferenciação favorável, podendo ser essa carteira diversificada ou não, de acordo com o grau de oportunidades existentes, de maneira a maximizar o ganho acumulado de longo prazo.

Várias tentativas foram feitas de se dar respeitabilidade acadêmica para essa visão, mas, apesar do embasamento matemático e da aprovação de investidores práticos e célebres, tais como os bilionários americanos Warren Buffett e Bill Gross, infelizmente ela ainda persiste à margem das discussões teóricas das grandes universidades.

Contrapondo-se a esse distanciamento, recentemente uma experiência foi realizada por dois fundos de investimento americanos com 61 jovens estudantes e profissionais financeiros.

Foram oferecidos para eles US$ 25 com a condição de participarem de uma sequencia de apostas, durante meia hora, com uma moeda tendenciosa que daria cara 60% das vezes e coroa somente 40%. Poderiam apostar de um centavo ao total do valor ganho até o momento, estando esse valor limitado ao máximo de US$ 250. O dinheiro acumulado seria deles ao final do experimento. Como vimos, esse seria o cenário perfeito para se utilizar o raciocínio do critério de Kelly, que nesse caso indicaria iniciar investindo 20% ou menos; isto é: até US$ 5 (na fórmula nesse caso, b = 1), ajustando o valor conforme os resultados, dentro do conceito de ousadia com sobrevivência. Aplicando consistentemente uma estratégia similar matematicamente se esperaria que 95% dos jovens alcançassem o valor máximo. Surpreendentemente, embora fossem estudantes e profissionais financeiros, somente 21% alcançaram o limite de ganho e 28% perderam tudo. 30% apostaram tudo de um vez só e 67% em algum momento da experiência apostou que a moeda cairia mostrando coroa, apesar da probabilidade menor. Em entrevistas posteriores verificou-se que, apesar da boa formação dos participantes, as diversas estratégias adotadas por eles se baseavam em superstições e comportamentos tendenciosos. O que explicaria isso? Vamos tentar achar uma resposta no próximo capítulo. Curiosamente um dos idealizadores da experiência foi sócio do fundo LTCM. Afinal, existe esperança?

Em suma

- ✓ Não existe almoço de graça: para conseguirmos algo temos que dar algo em troca.

- ✓ Incerteza é inevitável, mas são os riscos, que dependem da nossa escolha, que nos afetam. Temos que saber quais são eles, suas consequências, e se queremos corrê-los ou não.

- ✓ Se o risco é passível de diversificação; isto é: ao ser combinado com outros seu impacto diminui sem prejuízo para o benefício, devemos diversificá-lo.

- ✓ Se buscarmos retornos maiores, a princípio, temos que correr riscos (não diversificáveis) maiores, a não ser que tenhamos algum tipo de vantagem competitiva sobre o mercado.

- ✓ Como receita depende do nível de risco, foquemo-nos na administração do custo, eliminando 'desperdícios', considerando nosso contexto pessoal e individual.

- ✓ Como transações através de terceiros geram custo quanto menos melhor.

- ✓ Sempre contextualizar e personalizar o nosso modelo financeiro.

- ✓ Estruturar propostas no formato de opção é uma boa forma de se enfrentar a incerteza: paga-se um prêmio para se transferir o risco para outro. A variável chave será o custo desse prêmio.

- ✓ Estejamos abertos e atentos para as opções existentes ou que possam ser estruturadas. Aproveitemos as que apresentam valor razoável e evitemos as que não fazem sentido para a nossa situação específica ou as que sejam muito complexas.

- ✓ Aproveitemos a oportunidade na assimetria das contingências, assumindo exposição máxima às conseqüências favoráveis e aproveitando sua neutralidade em relação às desfavoráveis.

- ✓ Quando se trata de opções (de compra), quanto mais tempo ela ficar disponível, quanto mais alto o juro no período, e quanto mais incerto o futuro, melhor.

- ✓ Já é arriscado lidar com o que achamos que sabemos, mas o risco fica ainda maior ao reconhecermos que muitas vezes 'não sabemos o que não sabemos'.

- ✓ Basta uma observação em contrário para se destruir uma certeza ao longo do tempo. Cuidado, pois ela pode destruir muito mais do que apenas uma sensação de segurança.

- ✓ Risco é sinônimo de grau de ignorância. Por respeito à ignorância, alheia e nossa, devemos sempre nos perguntar antes de assumirmos compromissos irredutíveis: e se der errado, dá para 'sobreviver'?

- ✓ Devemos investir em preparação, em possibilidade, não em previsão, checando sempre as premissas. Conseqüências, que podemos avaliar, são mais importantes do que probabilidades, que apenas estimamos.

6. Qual é mesmo o valor? As crises existenciais

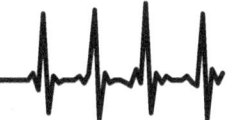

A cavalgada financeira

O filósofo grego Platão descreveu o comportamento humano como uma carruagem sendo puxada por dois 'cavalos': razão e emoção. Cada um nos puxando em direções opostas.

Numa ampliação dessa metáfora, Buda colocou a emoção como sendo um elefante e a razão como sendo seu condutor. Montado sobre o elefante o condutor parece estar no controle, liderando-o. Tendo uma visão privilegiada, pode planejar, antecipar, e explicar. Imensamente maior que o condutor o elefante tem o poder de assumir o comando a qualquer momento, por qualquer motivo. Seus desejos se refletem em ação, não precisando de explicação. Objetivos só podem ser alcançados quando o condutor e o elefante alinham seus interesses; caso contrario a crise se instala.

Nesse capítulo vamos 'cavalgar' por Finanças e tentar enxergar para onde a carruagem está indo, e se podemos fazer com que o condutor e o elefante não saiam da estrada.

Se por um lado somos propensos a cometer erros primários devido à emoção ou induzidos a perder oportunidades devido ao excesso de análise, por outro temos um processo evolutivo de milhões de anos de sucesso do nosso lado. A força do sentimento e a profundidade da razão, aparentemente opostos, têm sua complementaridade, cada um com seu momento certo de subir ao palco e de influencia um ao outro. Nosso cérebro, cada vez mais demandado, começa a se abrir para abordagens mais científicas que buscam entendê-lo, e, de certa maneira, quanto mais evoluímos mais nos aproximamos de nossos primitivos primos primatas. Ou não?

O mau comportamento financeiro

Uma raquete e uma bola custam no total $ 1,10. A raquete custa $ 1 a mais do que a bola. Quanto custa a bola?

Ao ser apresentado a esse problema todos se sentem tentados a responder imediatamente $ 0,10. Não só porque o valor de $ 1,10 é facilmente separado em $ 1 e $ 0,10, como também proporcionalmente os valores de $ 0,10 para uma pequena bola contra o de $ 1,0 para uma raquete de tamanho maior parecem intuitivamente razoáveis. A resposta correta, no entanto, é $ 0,05 (1 + x + x = 1,10).

Essa é uma das muitas questões explorando inconsistências lógicas colocadas nas pesquisas feitas por Daniel Kahneman, primeiro israelense e único psicólogo a ganhar o prêmio Nobel em Economia de 2002. Apesar do reconhecimento e glória da premiação, ele, assim como Black, nunca assistiu a nenhuma aula formal de Economia ou Finanças. Seu interesse pela complexidade, inconsistência e contradição do comportamento humano foi estimulado pela sua particular experiência como uma criança judia crescendo durante a ocupação nazista da França. Seus questionamentos e descobertas levaram a criação do controverso campo das Finanças Comportamentais. Assim como nas décadas anteriores o desenvolvimento em Finanças foram liderados por matemáticos, a última década foi marcada pela abordagem de questionamento psicológico.

Finanças Comportamentais como área de pesquisa, interconecta disciplinas diversas como Finanças, Psicologia, Química, Biologia, Economia e Neurologia, mas como veremos ao final do capítulo sua aplicabilidade se aproxima mais de Marketing. O desafio colocado foi o de traçar a fronteira entre intuição, cognição, raciocínio e emoção, com suas implicações na forma de pensar e no processo de tomada de decisão.

Identificou-se que, em várias circunstâncias, pessoas se comportam de forma inconsistente com os princípios de racionalidade assumidos como logicamente adequados.

Para reforçar essa percepção aqui vai outro problema famoso, que exemplifica essa inconsistência. É conhecido como o problema da Linda.

Linda tem 31 anos. É solteira, extrovertida, e muito inteligente. Ela é formada em Filosofia. Como estudante demonstrou uma grande preocupação com discriminação e justiça social, tendo também participado em demonstrações anti-nucleares. À luz dessa descrição

ranqueei as opções abaixo de 1 a 5. O que você acha que ela seria? (1 para mais provável e 5 para menos).

( ) professora de escola pública

( ) assistente social, especializada em crianças

( ) caixa de banco

( ) engenheira química

( ) caixa de banco e feminista

Muitas pessoas, ao fazer essa estimativa, classificam 'caixa de banco e feminista' como mais provável do que 'caixa de banco'. O que, ao se analisar com mais cuidado, não faz sentido, pois ao se afirmar que ela é uma caixa de banco e feminista já está se afirmando que ela é uma caixa de banco, sendo a característica de feminista adicional.

Temos a tendência de ver um padrão onde não existe, e usamos referencias que muitas vezes nos iludem.

Essa também é uma tendência visual. Embora não pareça, nas figuras apresentadas na sequencia, tanto o circulo central, quanto os traços verticais, assim como as linhas horizontais, são do mesmo tamanho.

Contexto importa muito: a forma como a informação é apresentada pode nos induzir a conclusões erradas. Se nos iludimos com tanta facilidade e de maneira tão convincente visualmente, que é um talento natural que treinamos diariamente, imagine o risco que se corre ao se tomar uma decisão financeira de forma intuitiva.

Aprofundando a abordagem de Platão e Buda, na tentativa de explicar os mecanismos mentais que facilitam essas distorções e fragilidades, Kahneman propôs dois sistemas de pensamento, com características bem distintas. Sistema 1, que podemos chamar de intuitivo e emotivo, são os pensamentos que vêm à mente por si só. Esses são os que acontecem na maioria do tempo. Não chega a ser uma situação de 'piloto automático', mas respondemos ao mundo de forma quase inconsciente, que de certa forma não controlamos. A operação no sistema 1 é rápida, sem esforço, em paralelo, associativa, e usualmente contendo uma carga emocional forte. Também é direcionada por hábitos, sendo difícil de modificar ou controlar. Envolve conhecimento tácito. Já o sistema 2 seria o deliberativo e racional. É consciente, deliberado, mais lento, serial, requerendo esforço. O sistema 1 gera impressões involuntárias e não explicitas. Em contraste, o sistema 2 envolve julgamentos, independentemente de sua origem. Envolve conhecimento explícito. O sistema 2 pode monitorar a qualidade de pensamento e do comportamento, mas faz

isso de forma esporádica, como demonstram os dois testes colocados anteriormente. O sistema 1 conclui rapidamente quanto é 2 + 2, mas temos que chamar o sistema 2 para responder o resultado de 242 multiplicado por 24 e dividido por 1.452.

Para complicar ainda mais as coisas, incerteza é quase sempre representada intuitivamente e em termos de percepção de forma muito pobre. Embora o valor esteja no futuro incerto, como já vimos, uma preocupação exclusiva com o longo prazo, sobrecarregando o sistema 2, pode ser estéril em termos práticos, pois vivemos no presente. Conseqüentemente, na maioria das vezes, nos baseamos em um número limitado de regras simples, reduzindo a complexidade da tarefa de acessar estimativas de probabilidades e prever valores. Para operações básicas de julgamento cotidiano usualmente esse processo é muito útil, mas em alguns casos podem nos levar a erros sérios e sistemáticos. Em vez do mito de um calculista frio e racional, o indivíduo que emerge dos estudos de Kahneman é um sujeito passível de se tornar vítima dos próprios erros.

No desenvolvimento das bases das Finanças Comportamentais foram identificados diversos grupos de distorções de lógica no comportamento humano. Os problemas do preço da raquete e da bola e a da Linda demonstram o que ficou conhecido como problema de 'enquadramento'. Dependendo da forma como a situação é apresentada, se induz um determinado tipo de resposta. Outro tipo de viés de lógica bastante discutido é o do 'estabelecimento de âncora'. Pessoas freqüentemente formam estimativas usando valores de referência disponíveis, que podem ser até mesmo arbitrários, assim como no caso das ilusões visuais apresentadas. Estudos realizados concluíram que se você pedir que um grupo de pessoas escreva os dois últimos números do seu telefone, e logo após peça para estimar o preço de uma caixa de chocolate: a metade com os últimos dígitos maiores estimam valores entre 60 e 120% acima dos demais. Um exemplo financeiro clássico de estabelecimento de âncora é o fato de que orçamentos são sempre montados baseados em orçamentos que vieram antes. Especialistas em negociação recomendam, contrario a nossa intuição, que apresentemos sempre o primeiro lance numa negociação de preço de forma a que ele passe a ser o valor de referência para o processo de barganha que se seguirá. Temos também a tendência de finalizarmos os números com zero ou cinco, devido ao fato de termos duas mãos com cinco dedos cada. Essa é uma característica que é muito explorada pelos comerciantes que fixam seus preços a $ 9,99 ao invés de $ 10, para dar uma falsa mensagem de que o produto ou serviço é mais barato do que realmente é. Parece que não conseguimos pensar sem um ponto de referência. Reduzimos nossa ansiedade sobre a incerteza ao produzirmos um número e nos ancorarmos a ele.

Fácil acesso é outro mecanismo que induz a criação de âncora. Similaridade é mais acessível do que probabilidade. Mudança é mais acessível do que valor absoluto. Médias são mais acessíveis do que somas. Valores facilmente acessíveis recebem geralmente um peso maior e são usados como âncoras. Seguindo essa linha de raciocínio, uma referência fácil e rápida, por exemplo, é a 'inércia do status quo'; isto é: ao invés de se investigar as possibilidades existentes, naturalmente tendemos à inércia, utilizando poucos dados para chegar a grandes conclusões ou dados que estão facilmente disponíveis ao invés de buscar outros mais relevantes. Ao fazê-lo respeitamos a lei do menor esforço, considerando valores atuais como ponto de referência, independentemente de quão diferente seja o cenário. É como se procurássemos uma chave de carro perdida à noite apenas debaixo do poste de luz, só porque lá é que existe luz. Esse impacto do status quo também é observado no fato de que usualmente as pessoas demandam um valor mais alto para vender algo que possuem do que o valor que estariam dispostos a pagar por ele, se tivessem que comprá-lo de outra pessoa. Nós temos uma capacidade incrível de nos acostumarmos com o status quo. Quando diante de condições adversas nós nos adaptamos e com o passar do tempo nem mesmo notamos mais a situação considerada inicialmente insuportável. Da mesma maneira, independentemente de quão prazerosa é a experiência num primeiro momento, se ela se tornar constante, rapidamente nos habituamos a ela, passando a considerá-la normal. Tendemos, também, a subestimar o quanto iremos mudar no futuro, criando a 'ilusão do fim da história'. Assumir que alcançamos nesse exato momento o ápice de nossa evolução pessoal nos faz sentir muito bem. Se percebermos que nossas preferências e valores são transientes podemos entrar em profunda dúvida sobre qualquer decisão, gerando contínua ansiedade. Essa ilusão de estabilidade e continuidade pode levar a expectativas financeiras irrealistas.

Agora no sentido contrário, de tendência para a ação, é muito comum encontrarmos erros de 'excesso de confiança e otimismo'. Ser otimista e confiante seguramente são características boas e talvez exatamente por isso exageramos inadvertidamente. Se perguntarmos a um grupo de pessoas como elas se classificam como motoristas, se acima ou abaixo da média, a maioria se classificaria como acima da média; o que é naturalmente uma impossibilidade. Mesmo quando se analisam situações abrindo a possibilidade de se especificar intervalos de confiança, a preferência é por estimativas únicas ou com intervalos muito pequenos, refletindo uma certeza desnecessária. Prestamos mais atenção ao conteúdo de uma mensagem do que à sua confiabilidade. Isso faz com que o mundo fique mais simples e coerente do que poderíamos justificar pelos fatos. Coerência, no entanto, tem seu custo. Significa que uma interpretação foi adotada e ambiguidades suprimidas: o que não ajuda é eliminado, reforçando uma perspectiva simplificada e consistente, e, possivelmente, uma superconfiança injustificada.

Outra característica similar é nossa tendência de sempre relembrar nossas estimativas, em 'retrospectiva favorável'. Após os fatos terem ocorrido, erros cometidos parecem terem sido inevitáveis ou mesmo provocados por outros. Já acertos raramente são associados à sorte ou à contribuição de outros. Nós tendemos, sistematicamente, a pensar que nossos sucessos são resultado de nossas qualidades e nossos fracassos são devidos às circunstâncias, e exatamente o oposto em relação às outras pessoas. Essa característica também leva as pessoas a verem os dados sempre de uma maneira seletiva e preferencial com um viés de 'confirmação de expectativa' ou mesmo a escolher dados que confirmem uma intuição. Criamos a ilusão de que o mundo é mais previsível do que ele realmente é.

Até mesmo quando ocorre uma seqüência de eventos aleatórios nós inferimos, de 'forma supersticiosa', que exista uma relação de causa e efeito e uma regularidade, que pode ser resumida nas frases "não posso sair do jogo agora, pois estou com sorte" ou "vou usar a mesma camisa que sempre me dá sorte". Esse comportamento foi observado até mesmo em pombos.

Da mesma forma existe uma tendência, que pode ser chamada de 'mentalidade de manada', de se avaliar uma proposta dando mais peso ao histórico, ao número ou tipo de pessoas que a apóiam, e a autoridade da pessoa que está apresentando, do que aos fatos e evidencias que suportam essa proposta. Existe uma experiência famosa realizada nos Estados Unidos pelo Dr. Solomon Asch na década de cinquenta, onde indivíduos eram selecionados para participar de um estudo com outras sete pessoas. Uma pergunta óbvia era feita com um porém, as sete outras pessoas participantes eram atores e respondiam todas de forma consistentemente errada. Curiosamente, três de cada quatro participantes, após pensar um pouco, davam também a resposta errada, concordando com a maioria. Essas pessoas assumiram que era mais vantajoso estarem erradas com a maioria do que certas sozinhas. Esse é um comportamento muito observado no dia-a-dia financeiro, onde a subjetividade da incerteza faz com que se busque o conforto mental do grupo ao impacto do isolamento, mesmo que fundamentado.

Analisemos, de forma sincera, essas duas situações:

1) Você comprou uma entrada que custou $ 20. Ao chegar à frente do cinema descobre que perdeu a entrada. Você compraria outra entrada ou não?

2) Agora você está indo ao mesmo cinema mas ainda não comprou a entrada. Ao chegar à fila descobre que perdeu uma nota de $ 20, tendo, no entanto, outra nota de $ 20. Você compraria a entrada ou não?

Esse erro é conhecido como a 'falácia do custo incorrido'. A maioria das pessoas responde não à primeira pergunta e sim para a segunda, embora a situação seja exatamente a mesma em termos financeiros. Os americanos chamam, apropriadamente, essa situação de "sunk cost", custo afundado/enterrado. Temos uma tendência de justificar ações do passado com decisões no presente e compartimentar valores mentalmente.

Mais outro teste que ilustra agora a distorção chamada de 'desequilíbrio da aversão ao risco':

1) Foi dado a você $ 1.000 e duas opções. Na opção A está garantido mais $ 500. Na opção B você joga cara ou coroa: cara, você recebe

outros $ 1.000; coroa, você não recebe mais nada. Qual a opção que você escolhe?

ou

2) Foi dado a você $ 2.000, e duas opções. Na opção A está garantido que você perde $ 500. Na opção B você joga cara ou coroa: cara, você perde $ 1.000; coroa, você não perde nada. Qual a opção que você escolhe?

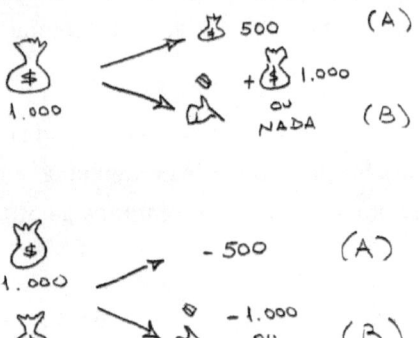

Kahneman comprovou que pessoas sentem a dor da perda de maneira muito mais intensa do que o prazer de um ganho da mesma magnitude. Daí a razão pela qual a maioria das pessoas responde A para a proposta 1 e B para a proposta 2, embora os resultados finais das duas propostas sejam idênticos. Em qualquer uma delas a opção A gera $ 1.500, enquanto a opção B leva a 50% de chance de se ter $ 1.000 ou $ 2.000.

Amos Tversky, colega de Kahneman, que assim como Fischer Black faleceu antes de poder ser agraciado com a premiação do Nobel, qualificava as pesquisas que realizavam da seguinte forma: "meus colegas, eles estudam inteligência artificial; eu, eu estudo estupidez natural".

Seguramente esse é um campo vasto e que ainda está se expandindo, mas sob o prisma financeiro, Kahneman já deixou uma série de prescrições de forma resumida que valem à pena considerarmos:

- ✓ Adote uma visão ampla sobre objetivos, possibilidades, e valores, de forma desapaixonada.
- ✓ Busque opiniões contrárias e sempre considere alternativas, independente da complexidade.
- ✓ Sempre que possível formalize, fazendo uma lista, colocando por escrito.
- ✓ Comprometa-se com políticas, bem refletidas, de longo prazo.
- ✓ Não monitore resultados ou revise decisões com muita freqüência.
- ✓ Comece com a análise dos dados estatísticos/factuais e só então use a intuição, se fizer o oposto você selecionará somente os dados que confirmarão a intuição.
- ✓ Verifique se sua avaliação e aversão a risco estão condizentes com o risco sendo assumido, tendo claro o impacto da possibilidade de arrependimento.
- ✓ Adote atitudes de risco diferentes para decisões pequenas e grandes.

- ✓ Decisão de não vender é uma decisão de compra: esqueça o que foi pago, o que interessa é o que vale no momento.

- ✓ Utilize simulação mental chamada de "pré mortem": antes de implementar a decisão assuma de forma realista que ela deu errado, levantando possíveis razões para que isso tenha acontecido, e o que fazer a respeito hoje, antes de se tomar a decisão.

Somente tomadores de decisão experientes, como, por exemplo, bombeiros, não perdem tempo escolhendo o que fazer em situações de crise, mas obtém bons resultados, pois apenas uma opção aparece imediatamente para eles. Eles vêem o mundo de forma diferente dos novatos, e o que eles 'vêem' automaticamente já dizem a eles o que fazer. A boa notícia, portanto, é a de que a intuição também é percepção educada: pode e deve ser treinada.

Homo complexus

Todos esses supostos erros de avaliação e julgamento podem ter uma origem mais profunda. Possivelmente o comportamento que parece irracional hoje pode ter sido considerado inteligente por nossos ancestrais, vivendo em circunstâncias diferentes. Sob a perspectiva evolutiva, o que parece superficialmente irracional, quando analisado em detalhe, pode ter um fundamento lógico.

Se voltarmos no tempo, acompanhando a história do desenvolvimento humano, ou mais particularmente do cérebro humano, o primeiro ancestral com traços humanos que tivemos foi o Australopithecus

Afarensis, cujo fóssil feminino encontrado ficou conhecido como 'Lucy'. É estimado que eles viveram a 3 milhões de anos atrás. Já um parente mais próximo, o Homo Erectus, nosso antepassado que começou o uso de ferramentas e de armas viveu, a 1,5 milhões de anos atrás. Se quisermos, no entanto, ser mais conservadores e consideramos apenas o período de existência do Homo Sapiens, quando o cérebro assumiu seu tamanho atual, ainda assim estaremos falando de um período de 200.000 anos. Só para colocar em perspectiva essa escala de tempo, estima-se que o extinto homem de Neandertal sobreviveu nesse planeta por 250.000 anos; cinquenta mil anos a mais do que a existência do Homo Sapiens.

Em termos de dimensão proporcional, nosso processo

Surgimento	há quanto anos atrás.
Autralopithectus Afarenseis ("Lucy")	3.000.000
Homo Erectus	1.500.000
Homo Sapiens	200.000

de seleção natural e adaptação ocorreu em um ambiente muito diferente do atual, nas savanas da África, sob pressões de um ambiente bastante hostil. A vida era curta, os grupos eram pequenos e próximos, existiam poucas opções, e as decisões básicas diziam respeito à alimentação, sobrevivência, e reprodução.

Como forma se ajustar à função, as propriedades que evoluíram refletiram a estrutura da atividade que precisava ser resolvida: adaptação ao meio ambiente. Sob essa visão, a mente humana é poderosa e inteligente não por conter mecanismos racionais precisos e genéricos, mas principalmente por estar equipada com uma gama de raciocínios instintivos, que ajudaram nossos antepassados no processo de seleção natural. Nosso cérebro tem uma agenda, que é a de sobreviver e se reproduzir, e busca atingi-la através do controle de sensações, tais como satisfação, medo, dor e prazer. Naturalmente esse mecanismo depende do contexto, das circunstancias e das características dos indivíduos envolvidos.

Emoções, dentro dessa linha de raciocínio, envolvem direcionadores que evoluíram como consequência de situações que ocorreram repetidamente através da história da evolução humana: ao se escapar de perigo, ao se achar comida e uma companheira ou companheiro, sobreviveu-se e reproduziu-se. A estrutura do passado nos impõe uma interpretação no presente e faz indiretamente com que avaliemos os eventos atuais em termos do nosso passado ancestral. Por exemplo, em relação às ilusões visuais que mostramos, a habilidade de preencher os espaços em branco de maneira a dar um significado ao que se está vendo, auxiliou nossos antepassados a identificar predadores ou presas mesmo em condições adversas. Tmbaém smoos cpazeas de ler essa farse ebmora ela etseja tdoa bgaunçdaa. Tendo sido crítico para a sobrevivência naquele momento, essa capacidade ao mesmo tempo pode nos levar a ver padrões onde eles não existem, distorcendo nossa intuição e confiança.

Uma confirmação visual de nosso viés mental pode ser demonstrada ao se responder à seguinte questão: em relação ao nome dos desenhos abaixo qual seria o kiki e qual seria o boubu?

99% das pessoas, independentemente de pais

de origem ou idioma, indicam que o primeiro desenho, arredondado é o boubou, kiki sendo o pontiagudo. Nosso cérebro dá significado automático a imagens e sons, relacionando-os, mesmo quando ele necessariamente não exista. Temos sempre que completar os pontilhados. Vazio é um incômodo, que precisa ser preenchido com algo.

Sobre o ponto de vista da sobrevivência, é melhor responder a um evento potencialmente perigoso como se ele fosse de fato real do que não responder correndo o risco. No longo prazo, o custo de se tratar um galho seco como uma cobra é mais vantajoso do que o inverso. O objetivo primordial do julgamento humano não é acuracidade, mas sim evitar a paralisia da incerteza.

Naturalmente cuidado deve ser tomado nas interpretações, particularmente no relacionamento de causa e efeito. Um erro comum é o de se assumir que por haver uma correlação entre dois fatos obrigatoriamente existirá uma relação de causa e efeito. Embora, saibamos que todo investidor bem sucedido escova os dentes, não podemos concluir, consequentemente, que se nós escovarmos os dentes nos tornaremos investidores bem sucedidos. Temos a inclinação de apresentar sempre uma causa para explicar algo que aconteceu, independentemente da complexidade e das evidências existentes. Nosso cérebro foi desenvolvido não só para raciocinar como também para racionalizar. Somos bons em construir estórias que confirmem que o sucesso foi consequência do nosso talento e esforço, enquanto o fracasso foi devido ao azar ou influência desfavorável de outros, e não o inverso. Desenvolvemos um sistema imunológico que manipula fatos para nossa vantagem sob a perspectiva de sobrevivência, nos protegendo psicologicamente contra desapontamentos extremos. Nós racionalizamos as situações para nosso conforto interno, rearranjando as interpretações de forma a não nos machucarmos muito. Sempre exploramos a ambiguidade a nosso favor, aplicando padrões muito mais rígidos para as idéias opostas às nossas. Somente quando percebemos que não podemos mudar nossa experiência é que decidimos mudar a forma como há vemos. Quando não existe mais saída nós nos ajustamos.

O propósito final da motivação humana não é o de nos fazer felizes, mas sim o de aumentar a chance de sermos bem sucedidos na nossa competição diária de sobrevivência e reprodução. Alguém que não é feliz com sua situação atual corre atrás do prejuízo. Assim sendo, a busca da felicidade é um processo intermediário e não um fim.

Confiança na autoridade, no rumor, e em boatos, foi um eficiente guia ao longo da história, posto que aprender por experiência própria poderia ser potencialmente mortal. Evoluímos de maneira a nos concentrarmos em poucos pontos importantes e ignorarmos o resto. Em termos de alimentação, por exemplo, num mundo paleolítico, sem refrigeradores ou sistema financeiro, preparar para tempos difíceis significava comer o máximo possível de maneira a estocar gordura no corpo. Paradoxalmente, portanto, nesse ambiente a melhor forma de se poupar era o consumo extremo. Hoje em dia, nas sociedades economicamente evoluídas, é muito mais provável que se venha a morrer de ataque cardíaco, desencadeado por excessos, do que de fome. Justamente porque evoluímos para consumir tudo o que se apresenta na nossa frente muitas das técnicas bem sucedidas de poupança envolvem esconder dinheiro de nós mesmos. Dentro desse contexto, o estabelecimento de âncora, por exemplo, por servir como um registro onde gravamos nossa impressão de resultados de cálculos anteriores, seria uma estratégia natural para diminuir a pressão do processamento de informação sobre a nossa memória.

Em relação à novidade, para se sobreviver em um mundo perigoso, um organismo deve reagir de forma cautelosa, com retraimento e medo. As perspectivas de sobrevivência são ruins para um animal que não desconfie das coisas novas. Assim sendo, em relação a estratégias associadas à incerteza no mundo animal, quando se está envolvido com ambientes instáveis e imprevisíveis, a diversificação é usualmente adotada. Quando não se sabe o que o futuro irá trazer buscar variedade aumenta as chances de se achar uma boa fonte de comida ou de se produzir um herdeiro sobrevivente. Já num ambiente previsível e estável, ao contrário, vale a pena colocar todos os ovos na mesma cesta. Quando é possível se preparar para o futuro, focando na melhoria das habilidades competitivas, concentrar-se numa fonte de alimentação de alta-energia ou investir somente num herdeiro, essa seria a melhor estratégia.

Já sob a perspectiva psicológica evolutiva, o sistema 1, emocional, impõe consistência ao nosso modelo da realidade. É um mecanismo de defesa, evitando indecisão e potencial explosão combinatória de possibilidades: qualquer decisão, contanto que seja possivelmente correta é melhor do que a indecisão. Já o sistema 2, racional, é um detector de anomalias, responsável pela mudança de paradigma, auxiliando no redesenho de um novo modelo utilizando os mesmos dados.

Como a habilidade na administração financeira não era uma necessidade crucial para a sobrevivência ou para o acasalamento dos homens das cavernas, atualmente temos que nos precaver quanto às decisões excessivamente emocionais direcionadas pelo sistema 1, e nos focarmos seletivamente no sistema 2, incluindo a linguagem financeira ao nosso modelo de atuação.

Macacos me mordam

Regredindo e ampliando ainda mais a análise, pesquisadores da universidade de Yale, nos Estados Unidos, montaram experimentos criativos com macacos-prego que demonstraram que primatas possuem os mesmos tipos de vieses que os humanos. Os macacos-prego foram escolhidos por terem cérebros grandes para o tamanho de seus corpos, extremamente focados em comida e sexo, assim como por sua elaborada forma de utilização de ferramentas no dia-a-dia. Em alguns meses, os macacos foram treinados para utilizar fichas de metal como moeda de troca, criando com os pesquisadores um mercado com preços e valores associados. Experimentos foram montados para testar a 'miopia da aversão a risco', o 'enquadramento', a 'inércia do status quo' e outros tipos de distorções na tomada de decisão. Os macacos responderam de forma racional a incentivos simples; responderam de forma irracional aos experimentos de viés comportamental; não demonstraram propensão para economizar; roubaram uns dos outros, quando tiveram oportunidade; tentaram falsificar o dinheiro; e até mesmo se prostituíram. Em resumo: tiveram um comportamento bastante humano.

Esse estudo, embora preliminar, demonstrou que o viés encontrado nos humanos pode ainda ser mais rudimentar, tendo sido desenvolvido como estratégia bem sucedida, em termos evolutivos, por nossos ancestrais primatas.

Levando em conta que a linha evolutiva dos primatas apareceu a 35 milhões de anos atrás, chegamos à conclusão de que essas

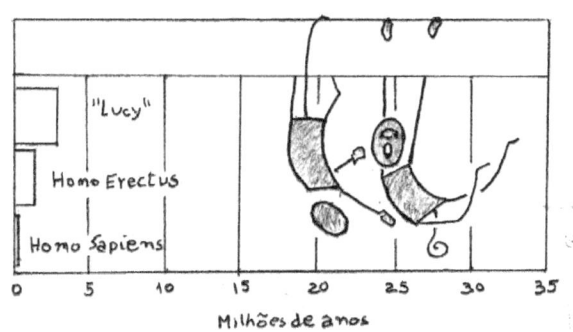

características são muito mais primitivas, profundamente enraizadas, e viscerais do que inicialmente imaginado.

Sentindo o risco na pele

Devido a essa origem primitiva e visceral, o perfil de risco de cada pessoa é parcialmente dirigido pelas reações emocionais às alternativas existentes, refletindo um compromisso entre ambição e medo.

É aparente que a influência das emoções sobre o nosso cérebro evoluiu por motivo de sobrevivência (sistema 1). A emoção automática iniciada por uma situação específica ajuda no processo de decisão ao focar as opções de ação, ou descartando aquelas que são perigosas ou apoiando aquelas que são vantajosas. Emoção serve a dois propósitos: tem um papel adaptativo de acelerar o processo de decisão e passa para os demais uma mensagem forte de predisposição e comprometimento. Na maioria das situações traz um aspecto de envolvimento afetivo forte. No entanto, existem circunstâncias nas quais a emoção natural deve ser inibida, de maneira a que uma decisão possa ser realizada de forma deliberada e potencialmente mais inteligente (sistema 2). Trata-se da competição de velocidade e intensidade versus acuracidade e visão de longo prazo.

A emoção tem ao mesmo tempo seu lado maravilhoso e assustador. Maravilhoso na velocidade, sutileza, sofisticação, e na habilidade de lubrificar a razão. Assustador na dependência de contexto e experiência, permitindo que cometamos erros inadvertidos e não intencionais. Somos fortemente influenciados pelo o que é saliente, ao invés de focarmos no que é provável. Eventos evidentemente improváveis, como ganhar na loteria ou ter um filho sequestrado por um pedófilo influenciam a forma de pensar de maneira distorcida, porque eles prendem a atenção. Preferimos ver o futuro como estórias exóticas do que como possibilidades lógicas.

Ao explorar essa característica, seguradoras raramente apresentam probabilidades ou avaliações de risco, preferindo enfatizar considerações qualitativas e emocionais aos seus clientes. Da mesma forma que loterias exploram o prazer da antecipação de uma possível vitória associado à compra de um bilhete, sem mencionar as chances de vitória. Incerteza associada a um evento positivo prolonga o prazer causado, embora de forma imperceptível. O impacto emocional de um talvez, que adia um benefício, é muito bem explorado pela disciplina de Marketing.

Considere um último exemplo experimental, conhecido como o 'jogo do ultimato'.

É dado a você $ 100 para ser dividido entre você e uma segunda pessoa. Qualquer que seja a sua proposta de divisão, se o seu parceiro aceitar você fica com sua parte, e ele com a dele. Se, no entanto, ele rejeitar, nenhum dos dois ganhará nada. Quanto você deveria oferecer?

Por que não sugerir uma divisão $ 90 para você e $ 10 para ela? Se o seu parceiro for racional ele não rejeitaria $ 10 recebido sem nenhum esforço. Nesse sentido por que não ser mais radical e sugerir $ 99 - $ 1?

Pesquisas mostram que propostas oferecendo divisões menores do que $ 80 - $ 20 são usualmente rejeitadas, independentemente de idade, sexo, país de origem ou cultura dos participantes. Pôr que? Porque não são consideradas justas, baseadas numa moral emocional paleolítica, incrustada no nosso cérebro. As respostas às propostas baixas geralmente são feitas emocionalmente, mostrando indignação, insinuando insulto, levando à reação de punição e conseqüente prejuízo mútuo. Na  prática esse experimento muito se assemelha ao processo da maioria dos divórcios litigiosos entre casais: quanto pior melhor.

Curiosamente, quando o estudo foi estendido para cobrir também sociedades primitivas da Amazônia, Nova Guiné e África, o que se descobriu foi que, embora a reação emocional fosse a mesma, quanto menor, mais isolada e primitiva a sociedade menos generosos são seus integrantes. Chegou-se a conclusão oposta do mito do 'bom selvagem': quanto mais exposição ao comércio, maior a confiança, assim como o sentimento de justiça e de generosidade.

E quanto aos nossos primos macacos-prego? Como eles se sairiam em relação a esse comportamento mais emocional?

Pesquisadores da Universidade de Emory, nos Estados Unidos, realizaram experimentos adaptados com esse intuito, e o mesmo comportamento e grau de indignação foi observado. O macaco que saiu prejudicado protestava gritando e em alguns casos até mesmo forçando o outro macaco a voltar atrás no seu comportamento egoísta. Em outras ocasiões, transtornados, alguns entravam em greve, se negando a continuar, ou jogando, inconformados ao se sentirem trapaceados, as fichas nos pesquisadores. Essa reação emocional punitiva torna a possibilidade de se trapacear mais cara, incentivando e sustentando a cooperação e o senso de confiança. Preferência por justiça também parece ser outra adaptação evolutiva herdada dos primatas.

Uma explicação evolutiva é a de que nosso cérebro é adaptado para interações repetitivas, ao invés de assumir uma transação única. No período em que nosso cérebro evoluiu, o tamanho do grupo social era muito pequeno, e conseqüentemente a possibilidade de interação repetitiva com o mesmo indivíduo, ou pelo menos o conhecimento de sua reputação, eram grandes. Nessas circunstâncias, a forte reação emocional negativa à injustiça garantiria que indivíduos agissem de acordo com seu interesse de longo prazo, contra a tentação de benefício imediato, através do comprometimento de agir de forma a proteger sua reputação e desencorajar comportamento de exploração no futuro. Essa resposta era lógica para pessoas interagindo nesse ambiente, embora possa parecer inconsistente hoje.

Quando o jogo do ultimato é jogado em diversas rodadas com os mesmo jogadores, assim como acontece no caso do Dilema do Prisioneiro, ele tende a refletir uma forma mais equitativa.

Outra descoberta que se fez foi a de que o nível de testosterona, hormônio associado à libido e à agressividade, dos jogadores que não aceitaram a divisão foi 50% mais alta do que o dos que aceitaram, indicando uma reação tipicamente primitiva. As pessoas buscam, no fundo, mais prosperidade relativa do que absoluta. A preocupação é com o adversário, é a de se ganhar posições na competição. Quando se indica que o oponente é um programa de computador a intensidade da reação desaparece. Dinheiro, nesse contexto, é simplesmente um meio para se alcançar status social, que traz com ele benefícios evolutivos. Como definiu o jornalista e humorista americano H. L. Mencken, "riqueza é qualquer receita que seja pelo menos $ 100 acima da receita do cunhado".

O que você está pensando?

A busca mais recente dos pesquisadores agora está focada no mecanismo físico. O que dá origem a esse processo emocional e racional? Onde esse processo se situa no cérebro?

Uma abordagem que tem alcançado bons resultados é a química. Identificou-se um hormônio chamado de Oxitocina, associado ao estado de confiança. Esse hormônio é naturalmente produzido em grandes quantidades quando, por exemplo, uma mãe está amamentando seu filho ou uma noiva está se casando (curiosamente, no levantamento realizado, em segundo lugar em termos de volume de produção de oxitocina vem a mãe da noiva e só em terceiro o noivo). Verificou-se que o comportamento de confiança entre indivíduos é altamente correlacionado com o aumento de oxitocina no sangue. Esse hormônio é um estimulante de empatia, generosidade e confiança, sendo uma espécie de 'cola social', que ajuda a manter famílias, comunidades, e sociedades juntas. Serve também como lubrificante econômico, facilitando todo tipo de transações entre desconhecidos, e reduzindo ansiedades na interação entre estranhos.

O que aconteceria se pudéssemos artificialmente aumentar o nível de oxitocina no nosso cérebro?

Jogando o 'ultimato' sob a influência da oxitocina (inalado ou estimulado através de imagens impactantes) as propostas se tornam mais generosas, aumentando seu valor em mais de 20%. Esse processo é auto-alimentador, pois quanto mais dinheiro se recebe mais oxitocina é liberado, fazendo com que a pessoa fique mais benevolente em sua reciprocidade; criando um ciclo virtuoso, socialmente desejado.

Para não deixar a impressão de que a oxitocina é boa demais para ser verdade, estudos recentes começaram a revelar seu lado negro, ou melhor, obscuro: ela estimula o etnocentrismo. Testes realizados na Holanda revelaram que embora a oxitocina estimule a confiança ela o faz com forte tendência para favorecer pessoas do mesmo grupo étnico ou cultural. Voltando a nossa perspectiva evolutiva, isso faz sentido, pois a cooperação e confiança dentro de uma comunidade pequena e desconfiança em relação aos estranhos no ambiente pré-histórico, no qual nossos genes se desenvolveram, contribuiria para a sobrevivência e perpetuação da espécie. Outra descoberta é a de que ela pode servir de catalisador e de amplificador para o comportamento social, reforçando-

o. Se somos naturalmente sociáveis, nos tornamos mais sociáveis. Se somos ansiosos, ela nos torna mais nervosos. Que macaquinhos complicados nós somos!

Neurologistas também abriram uma segunda abordagem, ao observar que pacientes com lesões em determinadas áreas do cérebro indicavam modificações no comportamento dos sistemas 1 e 2.

Similar à divisão feita por Kahneman, eles mostraram que somos governados pela competição entre esses dois níveis: o mais automático e emocional, representado pelo sistema límbico, resultado da adaptação original ao meio ambiente, e o mais abstrato e planejador, associado à região chamada de lóbulo frontal, que evoluiu mais recentemente.

O sistema límbico é onde se concentra o comando emocional. É a parte mais interior da estrutura cerebral, também conhecida como porção réptil, devido ao fato de ser a região de desenvolvimento mais primitiva, comuns entre mamíferos e lagartixas.

Já no lóbulo frontal, parte frontal externa e única dos seres humanos, é onde se encontram os processos abstratos de julgamento, previsão e planejamento.

Com o intuito de expandir o conhecimento sobre a mecânica do processo mental, abrindo essa complexa caixa preta, diversos estudiosos, incluindo Vernon Smith, americano especialista em economia experimental que dividiu com Kahneman o Nobel de 2002, têm se debruçado sobre imagens de ressonância magnética funcional de cérebros buscando mapear correlações entre áreas ativadas durante processos de decisão. A esse esforço foi dado o nome de Neurofinanças ou Neuroeconomia.

Como não podia deixar de ser, eles já realizaram vários testes tendo o jogo de ultimato como base. Participantes tiveram seus cérebros scaneados por aparelhos de ressonância magnética, enquanto tomavam decisões ou eram apresentados a decisões tomadas por outros. Consistente com os estudos anteriores, ofertas com valores abaixo de 20 por cento foram tipicamente rejeitadas. De maneira geral, durante a avaliação dessa decisão tanto a região do lóbulo frontal, responsável pela deliberação, quanto à região do sistema límbico, associada com as emoções, foram ativadas. Quando a atividade no sistema límbico excedia à do lóbulo frontal a oferta era consistentemente rejeitada, indicando que a rejeição de ofertas consideradas injustas é comandada pela parte do cérebro responsável pelo lado emocional. Quão mais forte o sistema límbico se ativava mais rapidamente a pessoa rejeitava a oferta, em muitos casos ultrapassando substancialmente o tempo que o participante levava para apertar o botão rejeitando. Novamente, quando se dizia que se estava jogando contra um programa de computador essa atividade maior não se repetia, reforçando a suspeita de que o lado competitivo, comparativo, e relativo tem uma influência muito grande na reação emocional.

Como a área frontal do cérebro amadurece mais tarde no processo de desenvolvimento humano, as crianças são, consequentemente, mais emocionais e intuitivas. Isso reforça não só a tese das pessoas mais experientes que costumam dizer que o juízo só aparece mais tarde na vida, como também a das mais jovens, que se queixam da falta de espírito de aventura e de agressividade dos mais velhos.

Uma confirmação adicional interessante sobre as características das regiões do cérebro veio da análise de outra inconsistência muito estudada: inconsistências de 'miopia de escolhas no tempo'.

Quando tomamos decisões com implicações imediatas nós tipicamente demonstramos alto grau de impaciência. Escolhemos consistentemente prazeres imediatos à possibilidade de esperar alguns dias por uma recompensa ainda maior. Queremos gratificação instantânea. No entanto, nós não nos comportamos da mesma forma impaciente quando tomamos decisões sobre o futuro. Ninguém planeja parar uma dieta que começará em uma semana. Nossa tendência é a de agir de forma impulsiva hoje e assumir que agiremos de maneira paciente amanhã. A essa tendência de descontar os valores para o presente de forma amplificada está também associada uma variedade de abusos e impulsividade, tais como o consumo excessivo de cigarro, álcool, drogas e jogos de azar (sistema 1). Em contraste, taxas de desconto menores estão associadas com um processo de decisão mais deliberado (sistema 2). Também existem possíveis razões biológicas e evolutivas para essa tendência: em um ambiente onde a vida é curta e brutal, quanto mais se adiar um benefício, mais chance existe de não aproveitá-lo.

Quando a pressão seletiva é intensa o medo do incerto gera ansiedade em relação ao futuro e o benefício atual passa a ser o único que interessa. O presente, afinal, é a ponte para o futuro. Organismos que não sobrevivem ao momento atual simplesmente não têm futuro. De certa maneira pagamos um prêmio, como um custo de uma opção, para nos concentrarmos no presente e deixarmos o futuro aberto à mudança de rumo.

Quando pessoas foram colocadas no aparelho de ressonância magnética e apresentadas com as alternativas de um benefício imediato e outro de longo prazo, a atividade do sistema límbico, que domina as partes intuitivas e afetivas da nossa psique, foi significativa. Quando esses mesmos indivíduos foram apresentados a duas alternativas nas quais os impactos aconteceriam somente no futuro a grande atividade apareceu no lóbulo frontal, responsável pelo processo analítico. Isso reforça a conclusão de que existe uma batalha constante entre deliberação (sistema 2) e emoção (sistema 1), residentes em regiões diferentes no cérebro, cujo resultado é muito influenciado pela evolução humana, que determinou seu próprio desenho.

É curioso verificar que mesmo governos, por serem comandados por pessoas, apresentam essa característica: gastam muito hoje com a promessa de redução no futuro. Essa tendência, em conjunto com as teorias desenvolvidas por Irving Fisher, leva naturalmente a conclusão de que crises inflacionárias sempre existirão.

Uma abordagem prática desse campo de pesquisa é a utilização de políticas e procedimentos para padronizar processos já estudados e estruturados. Dessa maneira transferimos difíceis conclusões do sistema 2 para a fácil aplicabilidade do sistema 1.

Alguns estudiosos de Finanças Comportamentais também recomendam a utilização de mecanismos de pré-comprometimentos, como, por exemplo, investir um percentual do salário por contrato, de maneira a fugir das inconsistências da nossa tendência emocional. Outros vão além e já defendem o conceito de assimetria paternalística, onde o próprio governo buscaria nos proteger de nós mesmos, usando mecanismos de 'enquadramento', onde as alternativas de escolha são apresentadas de maneira a dar preferência para a alternativa que supostamente beneficiaria o indivíduo a longo prazo. Por exemplo, no caso de aposentadoria: ao invés da tradicional forma de se apresentar opções e pedir para que se escolha uma, deixando a não participação como alternativa padrão, inverte-se a lógica e já se apresenta um percentual de participação, em um pré-determinado fundo conservador como proposta, dando chance para que ela possa ser mudada, e caso isso não aconteça, ela passa a ser implementada.

Embora supostamente mais bem intencionada e científica, as práticas propostas pelas Finanças Comportamentais se assemelham muito às adotadas há muito tempo pelos profissionais de Marketing: influenciar outros a se comportarem conforme nossa definição de racional. Dizem, maldosamente, que marketing é a arte de nos convencer a comprar o que não precisamos, com o dinheiro que não temos, para impressionar a quem não gostamos. O perigo é o de que Finanças Comportamentais possa se desenvolver com a pretensão de seguir alguma agenda ideológica e manipuladora. Para lutarmos contra 35 milhões de anos de processo de seleção natural, e seus efeitos colaterais, temos que ter muita disciplina.

Em 2013 a Academia Sueca num ato de ironia, ou de reconhecimento de que a disciplina financeira ainda está em estágio de formação, agraciou com o prêmio Nobel ao mesmo tempo um defensor da visão de Finanças Comportamentais, Robert Shiller, e Eugene Fama, um dos pais do conceito de Eficiência de Mercado, desdobramento teórico do modelo CAPM. A razão e a emoção ainda continuam tentando assumir o controle do rebelde 'elefante'.

Em suma

- ✓ Nossa natureza, em conjunto com a mudança radical no ambiente em que vivemos, faz com que em algumas situações sejamos bastante inconsistentes nas nossas decisões: é essencial reconhecer esse fato e conhecer essas fraquezas para que possamos contorná-las.

- ✓ Muitas vezes nós somos a crise: reconhecer isso é essencial para começar a busca por uma saída.

- ✓ Devemos nos precaver contra as distorções de necessidade de enquadramento, estabelecimento de âncora, desequilíbrio da aversão a risco, inércia do status quo, mentalidade de manada, excesso de otimismo, retrospectiva favorável, confirmação de expectativa, superstição, falácia do custo incorrido e miopia das escolhas no tempo, entre outras.

- ✓ Por serem conseqüência do processo evolutivo, as amplitudes e as profundidades desses desvios são grandes: não podemos subestimar.

- ✓ Por serem conseqüência do processo evolutivo, em muitas situações as reações emocionais despertadas fazem todo o sentido: não devemos simplesmente reprimi-las, sem entender o contexto.

- ✓ Para minimizarmos essas distorções precisamos fixar objetivos claros, formalizar premissas dos nossos modelos mentais, disciplinar os processos, efetuar compromissos com prazos longos de maturidade e exercitar a análise "pré-mortem" de projetos, simulando mentalmente potenciais conseqüências desastrosas antes da tomada de decisão.

- ✓ Quando tomando decisões com escolhas entre alternativas hoje ou amanhã temos que contrabalancear a tendência natural para o imediatismo do prazer e o adiamento da dor.

- ✓ Esqueçamos o valor pago e nos concentremos no valor atribuído hoje.

- ✓ Caso a tentação seja muito grande devemos criar regras automáticas para lidar com elas, escondendo-a de nós mesmos.

- ✓ Devemos definir e aplicar políticas para processos já amadurecidos.

- ✓ Intuição financeira pode e deve ser treinada: disciplina e experiência ajudam.

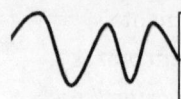 **7. O que podemos fazer? Conhecimento sem crise**

Da eficiência à resiliência financeira

Seria maravilhoso se pudéssemos chegar nesse último capítulo com uma solução final e definitiva, recomendando a aplicação de uma fórmula matemática genérica que pudesse ser usado em qualquer situação, resolvendo as questões financeiras de forma definitiva. Infelizmente, como pôde ser observado pelo nosso passeio através do tempo, o eficiente é frágil, somos emotivos e limitados, vivenciando um fluxo contínuo e dinâmico de mudanças, onde, por mais que inteligência e esforços sejam aplicados, sucessos e fracassos sempre vão estar muito próximos. O título de gênio das finanças ainda está disponível e nenhuma bala de prata ou bola de cristal contra as crises foi descoberta.

A nosso favor, no entanto, verificamos que o método científico também é compatível com a perspectiva financeira, sendo ela, por sua própria natureza, um campo fértil para aplicações práticas. Podemos desenvolver teorias e modelos testáveis e falsificáveis e segui-los enquanto os mesmos produzirem resultados favoráveis, desde que nossa sobrevivência seja garantida. Ao se revelarem imprecisos podemos revê-los ou substituí-los por novos modelos, mais aderentes à situação vigente.

Como vimos em diversas ocasiões ao longo da história, não se pode ter uma crença absoluta neles, pois se a ruptura for muito radical e cara enfrenta-se o ponto de não retorno e de falência completa. Ao se reconhecer que modelos são imperfeitos, passíveis de evolução, a atitude se torna a de conservadorismo oportunista e surge o conceito de Resiliência Financeira: capacidade de explorar e sobreviver, que não só nos permite 'jogar' de forma vantajosa, mas principalmente continuar 'jogando' indefinidamente.

Limites e expansões da racionalidade

Nessa busca de gênios e soluções para nos ajudar a desmistificar Finanças apelaremos para a ajuda do último laureado com o prêmio Nobel em Economia a ser apresentado nesse livro: Herbert Simon. Na realidade, embora esteja sendo mencionado somente no final, ele foi, de todos os envolvidos na nossa história, o primeiro a ganhar o prêmio em 1998. Foi um americano multi-talentoso, uma espécie de Da Vinci moderno, tendo publicado ao longo da vida 684 artigos e livros sobre as mais diversas áreas; tais como, Pesquisa Operacional, Administração, Filosofia, Engenharia, Biologia, Matemática, Política, Informática, Psicologia Cognitiva além de Economia. Alpinista e pianista, foi um dos criadores do campo da Inteligência Artificial, tendo sido agraciado também com o prêmio Turing em 1975 e desenvolvido um dos primeiros programas de xadrez por computador. Somado a tudo disso, com apenas vinte anos de idade, escreveu um clássico sobre o processo de tomada de decisão nas organizações. Embora não tenha escrito diretamente sobre Finanças, suas ideias, como veremos, têm base profundamente filosófica e atual, sendo aplicável ao processo diário de tomada de decisão financeira.

O conceito principal de
todo seu pensamento se
fundamenta no que ele
chamou de Racionalidade
Delimitada ("Bounded
Rationality"). Essa teoria
foi considerada um ato de
rebeldia pelas
'autoridades' econômicas
da época na qual foi
originalmente proposta, quando a premissa de racionalidade perfeita
era considerada fundamental para os modelos de equilíbrio adotados.
Ela antecipou e foi precursora das pesquisas realizadas em Finanças
Comportamentais. No entanto, na época, devido à agressiva resistência
dos economistas contra a sua teoria, Simon foi forçado a mudar de
departamento e passou a dar aula no departamento de psicologia da
Universidade Carnegie Mellon, na Pensilvânia, até se aposentar.
Segundo essa teoria, perigosamente revolucionária, a capacidade do
cérebro humano para formular e resolver problemas complexos é muito
pequena quando comparada com o tamanho dos problemas, e possíveis
implicações, cujas soluções requeridas devem contemplar uma
objetividade racional e realista. Os limites da racionalidade são impostos
pela complexidade do mundo no qual vivemos, pelo nosso
conhecimento incompleto, pela inconstância das crenças e preferências
individuais, pela dinâmica dos problemas, pelos conflitos de valores
entre pessoas e grupos de pessoas, e pela inadequação dos cálculos que
fazemos. Felizmente, segundo Simon, aquele que sobrevive não precisa
ser o mais bem sucedido, no sentido de ocupar a posição global máxima
no ambiente. Os vencedores não precisam ser organismos ótimos. Para

o organismo sobreviver e florescer é requerido apenas que ele seja mais adaptado a um nicho do que a maioria de seus competidores diretos. Não precisamos estar preparados para bater o recorde mundial para vencer uma corrida. Consequentemente, não precisamos necessariamente da melhor solução, somente precisamos de uma solução que funcione. Na maioria dos casos, ao invés de eficiência se buscaria efetividade.

Aparentemente essa é uma teoria bastante razoável e alinhada com a realidade. No entanto, a racionalidade delimitada subverteu o argumento, utilizado como parâmetro para a maioria dos modelos econômicos, de que indivíduos sempre escolhem a melhor alternativa entre as muitas existentes, já que ela assume que pessoas sobrecarregadas com muita informação e insuficiente foco ou capacidade mental disponível, se satisfazem com a primeira opção boa o suficiente.

Sob a perspectiva financeira e seguindo essa linha de raciocínio, na maioria das vezes, eliminar uma possível estupidez, um erro básico e simplório, é muito mais fácil e benéfico do que sair em busca do Eldorado, de um lance de brilhantismo improvável, que nos tornaria financeiramente independentes. Alinhada com a visão de Simon, essa é a modesta intenção desse livro.

Ao enfrentarmos situações onde temos recursos limitados, grande competição e profunda complexidade, temos que buscar soluções satisfatórias, ao invés de ótimas, substituindo metas globais e abstratas por metas parciais e locais, cujo atingimento possa ser observado e medido. Nesse contexto, satisfação e suficiência são os critérios primordiais, e é para eles que devemos voltar nossa atenção.

Numa frase muito citada, e antecipando a atual obsessão existente com smartphones, Simon descreveu que "excesso de informação gera pobreza de atenção". Nesse sentido, mais pode significar menos ou como colocado pelo arquiteto alemão Mies Van der Rohe em outra frase minimalista famosa: "menos é mais". Atenção, ao escolhermos e focarmos, necessariamente descarta o resto, enriquecendo o essencial. Nesse contexto atenção e objetivo são sinônimos.

Por outro lado e para complicar um pouco mais, como já vimos dentro do conceito de Finanças Comportamentais, essas escolhas muitas vezes são realizadas de forma primitiva e distorcida, não levando em conta o ambiente e o benefício atual. Tudo leva à delimitação da racionalidade.

Esse fato foi bem descrito numa experiência recente. Imagine que você assistirá a um filme onde dois times estão passando uma bola de basquete entre si e sua tarefa é a de contar durante sessenta segundos o número de vezes que os jogadores de camisa branca pegaram na bola, ignorando os passes do time de camisa preta. Você rapidamente descobre que precisa se concentrar, pois a bola se movimenta sem parar, sendo a tarefa absorvente. Ao final você indica a sua contagem e a pessoa realizando a pesquisa te pergunta se você reparou no gorila que atravessou a cena batendo no peito. Surpreendentemente a conclusão dessa experiência é a de que 50% dos voluntários não notam a presença de uma pessoa fantasiada de gorila que se posiciona bem dentro do campo de visão por nove segundos. As pessoas que deixam de ver o gorila ficam inicialmente convictas de que ele não estava lá – não conseguindo imaginar que deixaram de ver um evento tão chamativo. O limite da atenção que possuímos faz com que possamos ficar cegos para o óbvio, assim como para nossa própria cegueira.

Sabemos muito bem que os mágicos, os ilusionistas, a propaganda, o marketing, entre outros, podem lançar mão de nossas vulnerabilidades para alcançar seus objetivos, confundido-os com os nossos. Precisamos manter sempre muita clareza nos nossos objetivos: queremos contar o número de passes ou ver o gorila?

O mágico, por exemplo, usa a distração, o movimento, o redirecionamento da atenção, a limitação cognitiva, o movimento planejado, nossa ilusão de continuidade, nossa presunção de conhecimento, de forma a nos surpreender e enganar. Quando nos focamos em algo, nosso cérebro automaticamente suprime todas as demais informações que estão ao nosso redor, e os mágicos, no sentido mais amplo da palavra, desenvolveram várias técnicas para explorar essa visão de túnel, através do uso de bela(o)s mulheres (homens) se movimentando no momento certo ou do humor aplicado propositadamente. Bom humor e confiança reforçam o sistema 1 e afrouxam o controle do sistema 2 e ficamos menos vigilantes e mais propensos a cometer erros lógicos. O sinal que recebemos é o de que tudo está bem, não existe ameaça e podemos baixar a guarda. Assim como acontece com o mágico que desvia a atenção para realizar um feito aparentemente impossível, um batedor de carteira também conta com o desvio da atenção para realizar o seu propósito. Boa parte das perdas, dos desastres e das crises financeiras acontecem pelo desvio da atenção, pela ilusão induzida ou pela confiança excessiva em 'agentes' e especialistas com conhecimento ou incentivos inadequados para a situação. Se bateram nossa carteira, foi porque de alguma maneira deixamos. Valor deve estar sempre no que chama e retém a atenção. Atenção deve focar no nosso objetivo.

Temos sempre que identificar claramente o que seria financeiramente suficiente para nós, de maneira a alocarmos recursos limitados, nos sentindo satisfeitos o bastante. Assim fazendo, evitamos compromissos com potenciais excessos ou desperdícios em ambientes altamente competitivos e incertos, onde não temos controle. Dentro dessa filosofia, a forma encontrada por Simon para explicar o Dilema do Prisioneiro, foi a de que jogadores deveriam buscar níveis de satisfação, de suficiência, e não tentar alcançar o resultado individual máximo. Para ele essa é a razão para o sucesso da estratégia "toma-lá-dá-cá", que é benigna em termos de grupo e, consequentemente, mais estável.

Tendo o limite da racionalidade e a perspectiva de suficiência como pano de fundo, vamos focar um pouco mais em apenas quatro conceitos explorados por Simon: design, aprendizado, algoritmo e adaptação.

Design

Segundo Simon, design seria qualquer processo técnico e criativo relacionado à configuração, concepção, elaboração e especificação de um sistema. A ciência do design busca descobrir como as coisas deveriam ser de maneira a que elas funcionem e, consequentemente, metas sejam alcançadas. Esse processo normalmente é orientado por uma intenção ou objetivo, visando a solução de um problema. Segundo o papa dos designers, o americano Charles Eames, o reconhecimento de uma necessidade é a condição primaria para um design. Ao contrário do que a intuição sugere, design é restrição, é imposição de limites baseado em funcionalidade, estética, interação e objetivo. Sem as restrições impostas pelo design a situação pode ficar caótica e potencialmente infinita, pois tudo poderia ser desejado e válido. Design, portanto, define os contornos, a determinação mais precisa do que se quer, o grau de tolerância do que se pode extrair e obter. Design é na sua essência resolução, ou melhor dizendo eliminação de um problema. Para entender o problema e se iniciar o processo de sua resolução, temos que começar pela identificação da instância intencional básica. O desafio é identificar o sujeito cujo propósito seria servido, para que possamos trazer à superfície suas intenções e o nível de satisfação adequado. Muitas vezes o cerne da discussão e do desacordo está na não especificação de quem seria o beneficiário. Temos que responder primeiro qual é a unidade básica e o que ela busca. Só então podemos formular o problema de maneira a que ele não fique vago. Após identificarmos 'para quem', temos que perguntar o 'por que' antes do 'o que' e do 'como', levando em consideração a instância intencional de outros envolvidos. A definição de métricas, para medir o progresso em relação ao atingimento das metas, tem que vir depois. Eficácia nesse passo é fundamental, pois todo o esforço e eficiência subsequente podem se voltar contra nós, ou no mínimo ser uma total perda de tempo. Não chegar à nossa meta, que foi claramente traçada, é muito mais produtivo do que se chegar rapidamente a um objetivo que não é nosso. Parece uma afirmação óbvia, mas esse tipo de erro acontece o tempo todo, particularmente em termos de consumo e de gasto. A questão da segregação entre principal e agente aparece justamente nesse momento.

Quem é o agente e quem é o principal? As inconsistências discutidas no capítulo 5 indicam que manipulações podem ser desenvolvidas de forma premeditada. Não deveríamos nos deixar enganar. As metas têm que ser nossas e elas têm que ser claras o suficiente para que possam ser buscadas, e o método para alcançá-las, assim como seu progresso nesse sentido, avaliados financeiramente. Como discutido anteriormente, temos uma limitada capacidade cognitiva para raciocinar quando buscamos uma solução para um problema, tendo em vista o pequeno tamanho relativo de memória e capacidade disponível. Podemos considerar apenas alguns aspectos de qualquer situação e somente analizá-los de poucas maneiras. O segundo passo, portanto, em qualquer esforço de resolução de problemas é o de representar o problema de forma concisa. Achar restrições que libertem: ao limitar o escopo do problema a ser resolvido, permitam um maior grau de liberdade na utilização. Representação curta o bastante para ser tratável, e ampla o suficiente para refletir a intenção desejada, ajuda na redução da complexidade. É, no entanto, muito difícil achar problemas que tenham soluções ótimas absolutas. Usualmente esses problemas são artifíciais, criados especificamente para exemplificar pontos de vista em livros texto ou argumentações. A maioria dos problemas reais ou tem uma infinidade de possíveis soluções ou não tem nenhuma. Portanto, é importante se ter capacidade de design, de maneira a modificar restrições e objetivos favoravelmente. Isso implica em vantagem competitiva, em conhecimento e poder.

Na maioria das vezes a representação, desenhada de maneira adequada, já traz escondida em si a solução. Para Simon, resolver um problema

simplesmente significa representá-lo de tal forma a fazer com que a solução se torne transparente. Assim como no caso das belas esculturas de Michelangelo, que, segundo ele, estariam dentro do bloco de pedra pedindo para se libertar, o objetivo é tornar a solução evidente, dentro do problema previamente obscuro.

Design indica como as coisas deveriam ser para se alcançar determinadas metas, e não como elas são. Em termos financeiros, isso implica num grau de engenharia financeira, matematicamente mais sofisticada. Devido à incerteza, temos que produzir guias que auxiliem no processo de decisão, buscando a satisfação. Afinal, temos que identificar o que sabemos, o que não sabemos e estarmos preparados para a possibilidade de não sabermos que não sabemos.

De forma resumida, o processo de design, segundo Simon, envolve o cuidadoso entendimento do problema e da intencionalidade que o envolve, o levantamento de dados e limites, a obtenção de soluções alternativas, de um procedimento de testes e de feedback, gerando um modelo evolutivo, que serve de guia para a resolução desse tipo de problema, desarmando a complexidade. O design tem que estar em harmonia com as restrições internas e externas. O design busca o controle, o monopólio da informação, sem nunca alcançá-lo.

Aprendizado

Simon definiu aprendizado como sendo qualquer modificação em um sistema que produza uma mudança mais ou menos permanente na sua capacidade de se adaptar ao ambiente competitivo.

Ao enfrentarmos situações onde não possuímos maestria sobre o assunto, cujo custo de terceirização é alto e a consequência do insucesso de baixo impacto, abri-se a possibilidade do posicionamento de aprendizado.

Aprendizado, assim como no processo evolutivo, requer tentativas e erros, onde os resultados positivos são reforçados e os negativos analisados. Aprendemos com a experiência e a imaginação. Somos, na realidade, uma máquina de aprendizado, e não existe motivo para pararmos de aprender. A grande vantagem é a de que o aprendizado e a inovação trazem em si mais aprendizado e inovação, não existindo uma limitação de distribuição encontrada na natureza física. Ao contrário, a disseminação de idéias estimula e não reduz o aparecimento de novas idéias. Ao darmos idéias para os outros, ainda sim podemos mantê-las, e muitas vezes até expandi-las através do processo de feedback. Como colocado anteriormente, hoje a inteligência individual se mescla com a inteligência coletiva a tal ponto que, por exemplo, não temos condição de indicar uma única pessoa como sendo a responsável pelo surgimento do mouse. Trabalhamos conectados em uma extensa rede de aprendizado.

O processo de aprendizado permite duas interpretações de um mesmo verbo: explorar. Num ambiente de incerteza, com baixo grau de confiança e controle, exploração significa experimentação, pesquisa, busca do novo. Nos preparamos para absorver e avaliar novas informações. No caso da existência de um vínculo claro de causa-efeito, onde nos sentimos seguros, exploração se aplica no sentido de se utilizar ou aperfeiçoar o conhecimento anteriormente adquirido. Nos preparamos para treinar, aplicar e desenvolver.

O aprendizado aplicado aos esportes é uma boa metáfora em relação ao aprendizado financeiro. Tomemos como exemplo o Judô. Inicialmente é necessário observar e experimentar a composição de cada golpe, explorando nossa capacidade de execução de cada um deles. Ao se treinar e competir continuamente, com o maior número de oponentes possíveis, sofrendo muitas quedas e vivenciando a sensação de muitas derrotas, dentro de ambientes diversos, mas com grau de risco controlado, o atleta aprende com seus erros. Explora-se o efeito benéfico de repetição e renovação. Esse aprendizado será essencial ao se enfrentar situações onde a derrota ou a queda pode ter um impacto de proporções devastadoras.

A partir da prática constante a confiança cresce, e quanto mais praticamos mais seguros ficamos. Os muitos pequenos erros controláveis, que serão cometidos, gerarão aprendizado e nos ajudarão a evitarmos erros fatais. Treinamento funciona como o processo de evolução, mas num ambiente controlado e acelerado. Durante o processo de treinamento ao enfrentarmos todo tipo de adversário a confiança em nós mesmos aumenta e a transmissão dessa confiança e do respeito mútuo se espalha. Ao se atingir a segurança o verbo explorar muda de conceito. Passamos a explorar, usufruindo de todo esforço feito e do conhecimento acumulado. Naturalmente, por mais que se treine, sempre poderemos ser derrotados, mas seguramente o horizonte de possibilidades a nosso favor se amplia. Por outro lado, ao desafiarmos um adversário, confiante na nossa capacidade adquirida podemos vencer, mas de novo podemos ser derrotados e nos arrependermos de não ter treinado um pouco mais. Explorar ou explorar? Mais uma vez atingimos o limite da racionalidade enfatizada por Simon: quando parar de explorar, no sentido de pesquisa, e começara a explorar no sentido de usufruto?

Algoritmo

Uma grande parte do trabalho de Simon foi dedicada ao desenvolvimento do campo que hoje chamamos de inteligência artificial. Seguindo a trilha aberta pelas conclusões da 'racionalidade delimitada', Simon explorou o conceito de raciocínio heurístico, da utilização de métodos algorítmicos exploratórios para solução de problemas. Algoritmos são receitas de bolo: uma série de instruções, que ao serem seguidas fazem o bolo se tornar realidade, na mão de qualquer um. Programas de computadores são baseados em algoritmos. Para se chegar até a receita, o método heurístico utiliza aproximações sucessivas através de processos simplificados, onde avaliações constantes do progresso são realizadas até se alcançar uma solução satisfatória, que possa ser codificada. Simon, por exemplo, trabalhou nos primeiros programas de computador capazes de jogar xadrez, através desse método, e previu que um dia o computador iria bater o campeão mundial; o que veio há acontecer um pouco antes de sua morte.

Tendo surgido morfologicamente do conceito intuitivo do grito: Eureka! do grego Arquimedes, quando encontrou o princípio que levou seu nome, o raciocínio heurístico não é bom ou ruim, racional ou irracional, por si mesmo, mas somente em relação ao ambiente; assim como as adaptações humanas ele é limitado pelo contexto. Ele é específico do domínio, desenhado para uma classe de problemas, ao invés de ser uma estratégia geral. São regras ou recomendações especificas, concebidas cuidadosamente. Nesse aspecto ele se enquadra bem dentro do campo financeiro, onde usualmente temos que apresentar soluções locais e particulares. Ao explorar a estrutura do ambiente, ele pode evitar a troca entre acuracidade e esforço. Simon concluiu que organizações avançam estendendo o número de operações importantes que podem ser realizadas sem que se pense sobre elas; isto é: de forma algorítmica. Como já vimos, não só organizações, mas também o cérebro humano busca converter o deliberativo (sistema 2) em automático (sistema 1), transformando esforço em hábito, porque isso economiza. Essa metodologia permite minimizar os 'erros' do sistema 1 e a 'demora' do sistema 2, assim como tendências mais bizarras do raciocínio paleolítico.

O método algorítmico, sob a visão financeira, pode ser aplicado de uma forma ainda mais prática, mantendo nossa intenção original. Devemos desenvolver procedimentos que aloquem pequenas decisões de pouco impacto financeiro individual, mas passíveis de acúmulo, para o que chamaremos de abordagem de 'políticas e procedimentos'; isto é: processos simples e repetitivos, de grande volume, devem ser tratados respeitando suas características de simplicidade e repetição, através de

regras heurísticas ou algorítmicas claras, liberando tempo e espaço para a análise de decisões de grande impacto individual. A padronização da contabilidade se encaixa bem dentro dessa perspectiva. A implantação de um plano estratégico-financeiro também. O algoritmo da abordagem de políticas e procedimentos deve, no entanto, ser revisada de quando em vez, enquanto o foco imenso, intenso e momentâneo deve se concentrar nos fatores que podem ter impacto devastador. Educa-se o econômico, mas tendencioso, sistema 1 para lidar com as questões de política e procedimento, liberando recursos escassos e simplificando complexidades específicas, reservando o dispendioso sistema 2 para lidar com as situações e áreas 'onde dói no bolso'. Com isso reforçamos os conceitos de divisão do trabalho, especialização, e economia de escala, sob a restrição liberadora da suficiência.

No extremo podemos chegar à possibilidade de alguma otimização nos casos onde se tenha significativa vantagem competitiva, num ambiente de baixa incerteza.

Pré-fixação de parâmetros de referência e de suficiência, tais como saldos mínimos, gastos máximos, meta percentual de poupança, devem ser exploradas. O desenvolvimento de alarmes vinculados à violação de consistência e de políticas restritivas; como por exemplo, a de não tomar decisões financeira quando emocionalmente abalado, são tão ou mais importantes do que estar atento para explorar oportunidades.

Outra estratégia prática muito utilizada em situações cujo impacto negativo pode ser substancial, como na decolagem de um avião ou numa sala de cirurgia, é o processo de confirmação de uma listagem de verificação, onde todos os pontos vitais são checados um a um independente de intuições, perspicácia, achismos ou pressa, garantindo algoritmicamente o mínimo de segurança necessário para o sucesso do procedimento. Um bom exemplo financeiro da aplicação desse tipo de procedimento foi a disciplina demonstrada por Giovanni de Medici em checar sempre as colunas de "nostro" e "vostro" para garantir que seu empreendimento fazia sentido.

<u>Adaptação</u>

Desenvolvendo ainda mais o seu conceito de racionalidade delimitada, Simon concluiu que o que é eficiente é ao mesmo tempo frágil. A presença de incerteza e competição, embora não torne escolhas inteligentes impossíveis, coloca um prêmio em procedimentos adaptativos robustos sobre estratégias otimizadoras, que só funcionam bem quando ajustadas para um ambiente precisamente conhecido. A limitação de recursos faz com que ao aumentarmos a eficiência para algum fator ou situação específica, ao mesmo tempo aumentamos sua fragilidade para outros fatores e situações – eficiência e fragilidade convivem como irmãos siameses. Por exemplo, enquanto uma linguagem de computador é desenhada para ser extremamente eficiente, ela trava ao encontrar pequenos erros, enquanto os idiomas humanos são adaptativos, embora não tão eficientes. Podemos observar sua efetividade no bom entendimento que temos da frase 'herrar é umano', muito embora os diversos erros humanos existentes. Eficiência, em muitas ocasiões, compromete a efetividade. A definição de eficiência está condicionada à situação e a especificação de contornos; isto é: à capacidade de design e grau de controle do ambiente. Adaptação e diversificação, ao contrário, pode ajudar na eficácia em relação ao impacto do imponderável no processo seletivo/competitivo, por não concentrar recursos excessivamente. Segundo Charles Darwin, e contrário à interpretação popular de sua teoria, na natureza, onde impera competição e incerteza, "não é o mais forte de uma espécie que sobrevive, nem o mais inteligente, mas aquele que responde melhor à mudança". Em ambientes instáveis e imprevisíveis, onde a competição é feroz, diversificação usualmente é a estratégia adotada pela natureza: quando não sabemos o que o futuro irá trazer, buscar variedade aumenta as chances de se achar uma boa fonte de comida ou de se produzir um herdeiro sobrevivente.

Mudanças e adaptações bem sucedidas requerem muita tentativa e erro, além de um processo criterioso de seletividade. Cada sistema adaptativo deve ser capaz de tolerar uma alta taxa de erro sem perder sua funcionalidade. Variabilidade é o motor da adaptação, mas naturalmente a maioria das variações produzidas são erros. Dentro desse contexto, a principal ideia por trás da diversidade é a de que ela gera as sementes para novas oportunidades no ciclo de renovação. Ela aumenta as alternativas para lidar com choques e estresses tornando o sistema menos vulnerável, embora sacrificando o possível atingimento de uma maior eficiência. Sob a perspectiva financeira, estamos falando da sobrevivência do financeiramente ajustado, adaptado, em plena forma, e apto para agir em qualquer situação, mesmo que seja num momento de crise. Adaptação implica em reconhecimento das limitações e disposição para explorar o ambiente de maneira cuidadosa. Simon usou uma parábola de dois relojoeiros para melhor explicar essa questão. O primeiro construía relógios montando componentes modulares e só então os juntando ao final. O segundo simplesmente construía o relógio todo de forma linear e contínua. No caso de constantes interrupções somente o primeiro seria capaz de terminar o trabalho, por ter adotado uma forma modular de trabalhar, adaptada à dinâmica da situação, garantindo o acúmulo do ganho enquanto compartimentalizava os impactos das interrupções. Devido ao ambiente de incerteza e alta competitividade, o processo de evolução de espécies na natureza beneficiou àqueles que pagaram o custo e desenvolveram uma perspectiva de adaptação.

Os quatro tons de cinza

A pergunta fundamental que Finanças busca responder é a de como melhor alocar os recursos limitados disponíveis dado o cenário incerto de futuro, como consequência da complexidade do ambiente e da intensidade da competição. Recurso definido no seu sentido amplo, podendo ser monetário, físico, intelectual, emocional, social, temporal ou em qualquer forma.

Naturalmente cada caso é um caso e dependendo da fase da vida de cada um, do tipo, concentração e distribuição de recursos no tempo, e outras características particulares, soluções específicas devem ser procuradas.

Usando como base os conceitos desenvolvidos por Simon podemos, todavia, montar uma visão sistêmica das estratégias de investimento e posicionamentos genéricos.

Nesse esforço, todavia, temos que levar em conta a sábia afirmação paradoxal do escritor americano Mark Twain de que "todas as generalizações são falsas, incluindo essa".

Como estratégia é uma teoria com um propósito, que leva em conta que recursos são sempre limitados, ao tentar explicar algo, vinculando causa ao efeito, ela busca alcançá-lo. Assim sendo, como vimos, se possível seu design deve restringir com uma intenção bem definida, deve-se ter foco no aprendizado, adaptando-se ou desenvolvendo soluções algorítmica testadas. Dependendo do resultado prático ela pode evoluir: ao ser bem sucedida, buscando garantir a sobrevivência e a expansão, ou ao fracassar, gerando aprendizado, e adaptação, desde que o fracasso não seja fatal.

Estratégias de alocação de recursos envolvem percepção de valor relativo ao que se busca e do grau de incerteza em sua obtenção. Segundo Simon, o comportamento racional humano envolvido na tomada de decisão é moldado por uma 'tesoura' cujas lâminas são a estrutura do ambiente e a capacidade intelectual de cada indivíduo. Utilizando essa estrutura como base, agora aplicando-a ao espaço de estratégias financeiras possíveis para a obtenção de valor, podemos representa-la graficamente através de duas percepções de risco: a gerada pelo ambiente e a inerente à competição entre indivíduos. Podemos compor essas duas vertentes, para efeito didático, com os quatro principais conceitos propostos por Simon. Assim fazendo, podemos realçar as principais estratégias disponíveis em forma visual e simplificada.

Seguindo essa ideia de simplificação gráfica dividiremos um modelo de massa cinzenta cerebral em apenas quatro tons de cinza, representando os principais quadrantes, embora saibamos existir no nosso cérebro, e no mundo real, infinitas nuances de cinza. O posicionamento mais sutil, e sua respectiva graduação de cinza dentro desse modelo básico, fica por conta de cada um e sua específica oportunidade.

Na coordenada horizontal colocaremos a lâmina da incerteza devido ao ambiente, indo da total insegurança ao total controle; da casualidade completa à causalidade precisa. Na coordenada vertical apresentamos a lâmina da incerteza relacionada ao processo de competição, partindo de um conhecimento público padronizado à vantagem competitiva diferencial, representada pela maestria de um especialista; isto é, do igualmente indiferente ao favoravelmente desigual.

O grau de controle sobre o ambiente indica um nível de domínio sobre o contexto onde se está inserido. Já o grau de maestria contextualiza o domínio sobre a concorrência de maneira geral.

Sob os prismas conceituais de Simon, a insegurança nos leva à necessidade de adaptação, assim como o alto nível de controle à possibilidade de aplicação de algoritmos. Já a competição total induz à busca de aprendizado, enquanto um alto grau de maestria traz a tona à capacidade diferenciada de design. O cruzamento desses conceitos leva ao surgimento de quadrantes, que nos possibilitam entender de forma

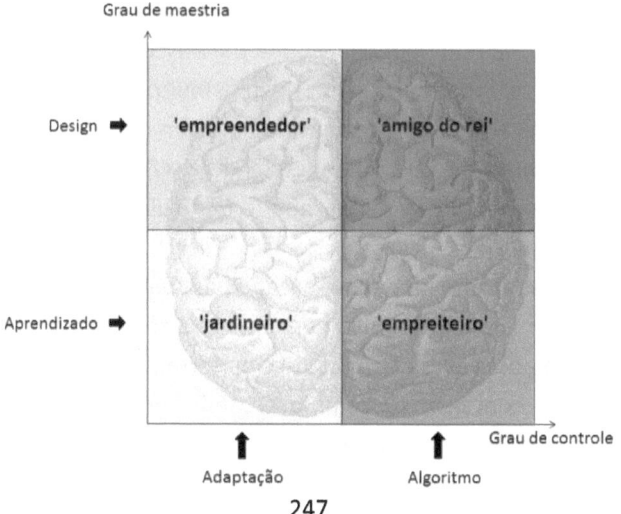

mais didática as estratégias financeiras que podem ser assumidas de acordo com a avaliação de risco.

O quadrante ideal é o de máximo controle e maestria, que chamaremos de posicionamento do 'amigo do rei'. Nele temos o poder de desenhar nossos objetivos e restrições, tendo conhecimento total sobre o processo de causa/efeito, possibilitando se definir soluções algorítmicas precisas. É a região onde um especialista, mestre no assunto, pode se expor de forma concentrada e com foco, numa posição de controle do gargalo, existindo necessidade e escassez, num situação de comando sobre o ambiente com diferencial competitivo. A estratégia a se aplicar é a de maximização: explorar a oportunidade ao máximo e de forma rápida, defendendo-a a todo custo, pois gargalos atraem competição e criatividade. Assume-se que é possível estruturar os recursos de tal forma há alcançar as metas evitando riscos ou até mesmo se beneficiando da percepção de risco dos outros. Sob o prisma do dilema do prisioneiro, nesse quadrante, se tem poder suficiente para escolher outro jogo onde se possa ganhar, e, nesse caso, não se ganha muito acertando previsões, se ganha muito acertando previsões que ninguém mais acreditava. Se não for uma surpresa, já terá sido antecipado e refletido no preço. Acredita-se de forma segura nesse cenário particular, aproveitando e explorando ao máximo as características do mesmo: é eficiente, econômico, focado, solitário, especializado para algo específico, mas frágil para os demais. Expõe-se ao que os outros consideram risco, pois se acredita que possa evitá-lo. Aposta-se de forma segura nas premissas do modelo e na montagem do cenário. Quando compatível com a realidade, essa é a posição confortável de monopólio, que todo indivíduo busca, onde existe um óbvio solitário que foi abandonado por estupidez, por razões emergenciais ou, como na maioria dos casos, por pura limitação momentânea. É nele que individualmente todos gostariam de estar, mas coletivamente esperamos que ninguém esteja. É o quadrante onde a segurança permite apostas ousadas, irreversíveis, com a utilização de custo fixo e alavancagem financeira. Um exemplo prático ilustrativo de um investimento que se enquadraria nessa região seria a compra de um ativo, talvez um imóvel, 100% financiado, baseada no conhecimento prévio e seguro de que o preço desse ativo irá subir muito num breve espaço de tempo (essa é a vantagem de ser amigo do rei...).

Estando num ambiente de controle, de segurança, busca-se a eficiência: sabe-se com precisão o caminho a ser seguido, podendo focar no aperfeiçoamento do processo, pois o alcance do objetivo está garantido.

Quando esse controle total já não existe vamos para o quadrante denominado 'empreendedor': lá é mantida a vantagem competitiva e a capacidade de desenhar as soluções, mas agora num ambiente que requer adaptação, onde a efetividade passa a ser mais importante do que a eficiência. O especialista, nesse caso, sabendo que não possui controle sobre o ambiente, deve se expor de forma delimitada e contingencial, construindo flexibilidade e opções onde tenha uma posição vantajosa, mas estando preparado para surpresas desfavoráveis.

Flexibilidade, nesse contexto, significa a habilidade de acomodar imprevistos externos mudando o curso temporariamente, de

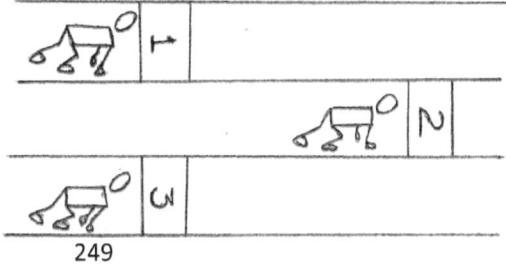

maneira elástica. Flexível é o que se adapta maleavelmente, se molda de forma versátil, se verga, mas sobrevive, cede em alguns aspectos, mas não se compromete de forma definitiva, beneficiando-se do formato contingencial da incerteza. Expõe-se ao risco, por acreditar que ao pagar o prêmio da flexibilidade pode-se evitar o prejuízo, mantendo a exposição à possibilidade de ganho. Nela a abordagem é de sistema 2, utilizando-se o conhecimento privilegiado para explorar a possibilidade existente, de forma protegida. Aplicando esse posicionamento no caso do dilema dos prisioneiros, poderíamos usar como exemplo o caso de membros da máfia siciliana que seguiriam a regra, desenhada pelo Podesoso Chefão, que define que quem delata alguém da Família morre. Essa regra imposta seria uma restrição simples e eficaz que poderia levar à melhor decisão para o grupo, apesar de ainda existir incerteza, de forma similar ao efeito causado ao se desfraldar a bandeira dos piratas.

Estruturalmente, em termos de investimento, o custo variável passa a ser a melhor alternativa, com possibilidade de alavancagem parcial. Um exemplo cotidiano seria o da assinatura de um contrato de aluguel de um carro com uma opção de compra do mesmo ao final. Conhecemos melhor do que ninguém nossa maestria no volante e a capacidade destrutiva das crianças, dos gatos e dos cachorros que estarão andando no carro. Por esse motivo, caso venhamos a exercer o direito de comprar o carro, também faremos um seguro do veículo, que seria uma opção de venda. Em ambos os casos pagaremos um custo para termos flexibilidade de nos desfazermos do ativo caso o futuro não venha a acontecer como o desejado, mas tendo a vantagem do conhecimento particular.

Se assumirmos a situação de não existência de qualquer diferencial, dentro de um cenário de conhecimento público padronizado, onde o óbvio é ululante, mas com alto grau de controle sobre o ambiente, no encontro da adaptação com a perspectiva algorítmica, estaremos situados no quadrante que chamaremos de 'empreiteiro'. Nele devido à forte competição, erros não são perdoados e o conceito principal é o da precisão. Possivelmente estaremos certos nas nossas previsões, mas se estivermos não estaremos sozinhos. Nesse ambiente de extrema competição, previsões sobre o futuro convergem para uma mesma previsão, deixando de ter a característica de previsão para se tornar a realidade presente. Valor é igual a preço. Nesse contexto, o fato de se estar certo não traz benefício substancial, pois essa é uma informação de conhecimento amplo: todos vão estar certos. Tal qual na contratação para uma empreitada o que se deseja é eficiência especializada, inspirando confiança na capacidade de realização e na velocidade de implantação. Visa-se a acuracidade programável, e naturalmente assume-se os riscos associados à irreversibilidade automática, inerente ao sistema 1. Não se pode errar já que todos sabem a mesma coisa. Padroniza-se, baseado no conhecimento já testado, de maneira a melhor administrar a velocidade e volume no aproveitamento da margem pequena de benefício existente nesse ambiente de alta competitividade. Nessa situação a estratégia é a de utilização de custo fixo; paga-se um preço justo pelo ativo sem risco, tal como um título publico de renda fixa, protegido contra a inflação, sem endividamento e sem ilusão de ganhos substanciais em possível venda futura devido à grande concorrência.

A situação mais difícil e comum é quando não se tem nenhuma vantagem competitiva e, ao mesmo tempo, o ambiente é de grande incerteza. Esse é o quadrante que fica na interseção entre o aprendizado e a adaptação. Nele a postura é o de generalista, que ao invés de buscar a vitória de forma agressiva adota a estratégia centrada em evitar uma derrota, pois a surpresa impera. Daremos o nome de 'jardineiro' a esse quadrante, pois esse é o perfil que se adequa à melhor estratégia. A abordagem de um jardineiro é a de criar uma cultura capaz de se ajustar ao leque mais amplo possível de surpresas da natureza, criando condições para que as oportunidades floresçam, mas sempre adaptados ao ambiente, às condições e ao momento, estando disposto a experimentar, a podar 'erros' e a realocar recursos. Os jardineiros celebram a variedade, a dessemelhança, a espontaneidade, que leva à vitalidade. Eles respeitam a ciclicalidade: plantas muito saudáveis atraem pragas, plantas dadas como mortas podem renascer. Algumas plantas morrem, mas o jardim sobrevive. Nesse quadrante a estratégia é a de expor-se de forma desconcentrada, diversificando, experimentando de maneira granular, tentativa e cuidadosa, permitindo a existência de erros pequenos e inconsequentes. Como vimos na descrição do modelo CAPM no capítulo 5, quanto mais se diversifica menos impacto se tem dos extremos, tanto para o bem quanto para o mal. Aqui o recomendado é construir uma carteira de estrutura modular, onde módulos compatíveis interagem, mas mantendo um bom grau de independência e funcionando em rede. Expõe-se ao risco, pois ao se pagar o custo da construção de sua estrutura modular, aposta-se no formato de rede, de paralelismo, de semi-independência, no qual aspectos de contenção entre os módulos delimitam o grau de estrago. A modularidade é uma forma bastante utilizada pela natureza para lidar com a ignorância e a incerteza. Consequentemente, aplica-se nesse quadrante, estrategicamente, o custo variável e a transferência parcial de risco através de atração de muitos sócios para o investimento. Ao invés de se comprar uma ação na bolsa de valores, o recomendado seria o de se comprar uma participação num fundo com muitos ativos (módulos) e muitos sócios (módulos). Nela, deve-se ter uma postura humilde de iniciante, de aprendiz, voltada à diversificação.

Para resumir os conceitos por trás dos quadrantes, de forma mais simplificada, podemos utilizar a analogia do tênis. Os melhores jogadores profissionais de tênis do mundo, mestres do jogo, buscam sempre um lance vencedor (saque fortíssimo, mandar bolas muito próximas da linha...), condizentes com as estratégias no quadrante 'amigo do rei'. Em situações mais difíceis e incertas durante o jogo, de maneira a reverter o cenário, tentam jogadas mais sofisticadas, mas com boa chance de acerto devido ao treinamento, experiência e confiança, características do quadrante 'empreendedor'. Já os tenistas amadores, sabendo de suas limitações, buscam na realidade manter a bola em jogo, não cometendo um erro que possa fazê-los perder o ponto, na expectativa de que o adversário venha a cometer esse erro, similar às estratégias associadas ao quadrante 'jardineiro'. Caso se encontrem numa situação de oportunidade certa de finalizar o jogo tendem a focar cuidadosamente para não cometer erro na execução da jogada chave, assim como se espera das estratégias adotadas no quadrante 'empreiteiro'.

Embora a regra do jogo de tênis seja a mesma, as posturas dos jogadores, e consequentes estratégias adotadas, são muito diferentes quando se tem comprovada maestria ou não. Mestres vencem adversário, enquanto amadores vencem a si mesmos.

Em relação às oportunidades de investimento sendo consideradas, as duas perguntas fundamentais a serem respondidas são: em que grau você se considera um 'profissional' ou um 'amador'? E em que grau de incerteza essa oportunidade se apresenta?

Tem que se levar em consideração que essa descrição, através de quadrantes, é caricaturesca e as oportunidades reais serão classificadas em pontos subjetivos no gráfico, onde graus de aplicabilidade de cada estratégia terão que ser avaliados; isto é, existirão constantes e complexas composições de cinza.

Levando-se em conta esse alerta, podemos agora associar esses quadrantes com os conceitos discutidos ao longo dos capítulos anteriores e tentar analisar o posicionamento das estratégias adotadas pelos personagens dentro dessa visão.

Entre os personagens bem-sucedidos, podemos dizer que a estratégia adotada pelos irmãos Rothschilds, corretamente identificando que o resultado que se sobrepunha era o do grupo e não o individual, onde a métrica era o sucesso da família, além de perceber a importância do domínio da informação, fez com que eles migrassem do quadrante do 'empreiteiro' para o do 'amigo do rei', onde construíram seu próprio império. Já Cantillon, com uma abordagem extremamente individualista, mas, utilizando como diferenciais os relacionamentos e as informações privilegiadas, explorou ao máximo os óbvios solitários que surgiram no seu caminho e atuou também de maneira exemplar como um perfeito 'amigo do rei'. Além deles, dentro desse quadrante podemos posiciona a Coroa Espanhola, que soube se aproveitar muito bem das opções criadas dentro do quadrante 'empreendedor' ao longo do tempo, e como consequência pode migar e explorar seu monopólio, apesar da preocupação com os piratas.

Quanto à Ed Thorp, consciente dos riscos existentes e do diferencial que tinha, soube se expor de forma criteriosa num ambiente incerto, explorando o conceito de opções e o desconhecimento a sua volta, com uma estratégia empreendedora. Também de forma mais esperta, porém inocentemente maliciosa, Roger Babson usou magistralmente o conceito de opção, inerente ao quadrante 'empreendedor', apesar de alguma insensatez.

A abordagem de opções serviu até para que os marinheiros que se tornaram piratas, que fugiram do inseguro quadrante 'jardineiro' e das chibatadas. Como empreendedores conquistaram uma vantagem competitiva ao adotarem o modelo de custo variável e uma abordagem agressiva na busca de receita. Por sua postura ser abertamente criminosa, no entanto, se sujeitaram a um alto grau de risco, do qual não conseguiam se proteger, com sérias consequências, que ao longo do tempo acabou os eliminando do jogo. Esse mesmo destino foi reservado para o fundo LTCM. Eles possuíam uma maestria invejável tanto no QI como na experiência de seus sócios, além do prestígio dos premiados com o Nobel, que lhes garantiram crédito ilimitado por muito tempo. Apesar disso tudo, essa vantagem competitiva foi completamente eliminada pelo excesso de alavancagem financeira realizada num ambiente de altíssimo risco. Inicialmente se posicionaram no quadrante 'empreendedor', mas não perceberam que conforme foram aumentando suas apostas e assumindo maiores riscos se deslocaram para o quadrante 'jardineiro' sem, no entanto, rever sua estratégia. John Law também cometeu erro de julgamento similar. Tendo conseguido um monopólio, através de conhecimento, talento e relacionamento fortuito, num exemplo literal de um amigo do rei, destruiu-o ao se comprometer com algo que não poderia entregar, alavancando-se em excesso e fazendo com que o mito se dissipasse. Ao final, percebendo que já não se encontrava no quadrante ideal, buscou desesperadamente sócios para dividir seu risco pessoal sem sucesso, tornando-se novamente num simples mortal. Esse mesmo mal também recaiu sobre Irving Fisher e Newton, ambos brilhantes teóricos, com a vantagem adicional da experiência prática que possuíam. O excesso intelectual os levou à confiança exagerada e eles acabaram perdendo fortunas no final da vida. Assim como as grandes jogadas estão nos eventos extremos, os grandes enganos também estão nos eventos extremos: em Finanças para ser considerado um gênio, sempre se corre o risco de se tornar um idiota.

A estratégia de Cósimo de Médici de utilizar os conceitos contábeis de forma sistemática, assim como o de auditar pessoalmente as filiais de seu banco é um bom exemplo de posicionamento correto dentro do quadrante 'empreiteiro', onde acuracidade e disciplina são os principais requisitos. A família Médici ao longo de gerações, no entanto, foi a única que vivenciou um ciclo completo. Saíram de uma situação de alta competição e insegurança, mas aos poucos se estruturaram organizacionalmente, desenvolvendo bons conhecimentos, com relacionamentos fortes inter-regionais, tendo inclusive a exclusividade dos negócios com a Igreja Católica, construindo, assim sua vantagem competitiva, como 'amigos do Papa'. No final acabaram gastando muito, apostando demais em investimentos e nas pessoas erradas, afastando-se do acompanhamento financeiro, e assim perdendo o controle da situação. Apesar dos papas e dos membros da nobreza que pertenceram à família, terminaram como sendo mais um sobrenome no meio de muitos jardineiros.

 Crise e resiliência

Pode-se perceber nos exemplos mal sucedidos que crises estão associadas ao posicionamento errado da estratégia. Assume-se que se está em um quadrante, investindo de acordo com essa percepção, quando na realidade se está em outro.

Dentro dessa perspectiva vale a pena mencionar outra afirmação muito inteligente do escritor Mark Twain: "não é a ignorância que nos coloca em perigo, mas sim a falsa certeza". Como o reconhecimento da ignorância leva à prudência, o impacto de um insucesso é sempre mais bem administrado quando a incerteza é respeitada. Como já colocado, quando se trata de ignorância existem duas classes de pessoas: 'aquelas que não sabem', e as mais perigosas: 'aquelas que não sabem que não sabem'. Para efeito de resultado prático é preferível estar no primeiro grupo, e fazer algo a respeito.

As piores crises acontecem quando a falsa segurança, sobre o ambiente ou sobre os concorrentes, nos leva a nos alavancarmos em apostas perigosas, nos comprometendo com altos custos fixos ou compromissos acima da capacidade existente ou passível de se conseguir. Acreditar sinceramente que não existe risco algum num investimento representa a essência do risco fatal, sinônimo de crise. É sempre bom lembrar que 'deveria' não significa que 'será' e que alta probabilidade não garante nenhum resultado. Como a história repetidamente demonstra, devido ao excesso de ambição ou a troca no comando, até mesmo um intimo amigo do rei corre o risco de cair em desgraça e ter sua cabeça cortada. Busca de maior retorno está fundamentalmente associada a uma maior exposição ao risco.

É irônico e contraintuitivo verificar que quanto mais pessoas assumem que algo é arriscado, menos arriscado ele se torna, pois a aversão a risco vai se refletir na avaliação e consequentemente no preço associado a esse algo, que despencaria. Em sentido contrário, quando menos investidores assumirem que não existe risco maior o consenso, maior a pressão sobre o preço e possivelmente maior o risco global. Contrário à nossa intuição, consenso puro e completo leva ao desequilíbrio. Valor não pode ser absoluto, ele é sempre relativo.

A combinação do efeito manada, onde muitas pessoas assumem um consenso auto-alimentado (se ele acredita eu também acredito e se eu acredito ele também acredita...), com o posicionamento estratégico no quadrante errado leva a possibilidade da formação de bolha e de uma crise de proporções gigantesca, devido as interdependências. Quanto maior o número de pessoas se encontrando nessa situação mais séria se torna a crise, como descrito, no caso econômico, por Irving Fisher. A inteligência coletiva se desfaz em desespero individual, com o posicionamento egocêntrico de cada um por si, mas todos indo na mesma direção. A confiança, abalada, demora a retornar e um novo ciclo precisa se completar para que isso aconteça. Ele só será interrompido quando opiniões minoritárias começarem as demonstrar sua validade, atraindo concorrência.

Temos que tomar cuidado com o paradoxo da segurança: quanto mais seguros nos sentimos, mais riscos assumimos e menos seguros ficamos. Ao mesmo tempo não podemos nos seduzir pelo extremo oposto, como demonstrado no paradoxo do banqueiro, que por aversão total a risco busca emprestar apenas para clientes que não precisam de empréstimo. Isso leva a paralisia. Num mundo incerto riscos têm que ser assumidos de maneira consistente. Afinal de contas, seguradoras emitem apólices de seguro de vida sabendo que eventualmente os segurados irão morrer. A questão não é a existência do risco em si, mas sim a maneira apropriada de se precificar esse risco que conta.

O conceito que melhor descreve a necessidade de equilíbrio entre os extremos paradoxais é o de resiliência. Ele é muito usado no estudo da Ecologia, mas, na sua composição inicial, foi baseado nos trabalhos do próprio Simon. Entramos agora no campo da Ecologia Financeira.

Resiliência se refere à habilidade de sistemas de absorver um impacto, adaptar-se, aprender, mudar, recuperar-se e ainda assim continuar funcionando como esperado, retendo as mesmas funções essenciais. Ele não garante estabilidade no curto prazo, mas sim sobrevivência das funções essenciais do sistema no longo prazo. É uma forma de lidar com mudanças caracterizadas por surpresas futuras ou riscos desconhecidos. Resiliência implica em resposta apropriada e recuperação, em achar o balanço certo entre antecipação e adaptação, dentro de uma auto-avaliação sincera e realista.

Nesse sentido, a modelagem financeira, através de sua comunicação coerente e seu ferramental lógico, auxilia no processo de definição do grau de resiliência necessário. Com esse propósito em mente, ao desenharmos nosso modelo financeiro temos que torná-lo dinâmico e adaptável, possibilitando apostas feitas com os olhos bem abertos. Sempre nos contrapondo, no entanto, à ilusão de certeza, advinda de experiências passadas. Ao mesmo tempo em que precisamos ser otimistas temos, necessariamente, que introduzir uma boa dose de humildade nos nossos modelos. De modelos de risco atingimos o risco de modelos. Nossa descrição da realidade não é a realidade: o mapa não é o território. Não podemos confundir o modelo com a realidade que ele procura emular. O estatístico americano George Box resumiu muito bem esse fato quando disse que "todos os modelos são errados, mas alguns são úteis".

Nosso foco deve se deslocar da ilusão de controle para o questionamento da utilidade. Ciência não progride através de observações precisas confirmadas por verificações exatas; ela progride através de conjecturas baseadas em extrapolações e generalizações feitas além das informações disponíveis e dos dados existentes. Os modelos científicos são controlados e ajustados pela falsificação. Não deveríamos procurar dados que confirmem as premissas dos nossos modelos financeiros, mas sim fatos que os contradigam, para que possamos melhorá-las, torná-las resilientes. Devemos estimular a crítica, a postura do contra-argumento, a estrutura jurídica da tese, seguida da antítese, condensada na síntese, pois, por definição, nunca aprendemos com pessoas que concordam conosco. Aprendizado implica em erros, em vulnerabilidade, em pequenas crises, que evoluem paulatinamente para acertos condicionados. Solução completa e permanente, pela própria estrutura do problema financeiro, é uma impossibilidade, e, consequentemente, crises continuarão a ocorrer. Façamos, então, essas crises pequenas, rápidas, instrutivas e administráveis.

Diferente do que acontece em
outras disciplinas, expostas ao
ambiente financeiro modelos e
teorias são brutalmente atacados
pela realidade. Sucessos ou
fracassos pontuais não garantem o
acerto ou erro da estratégia,
devido à natureza aleatória de
alguns eventos. Sempre podemos
nos surpreender. Somente
resultados consistentemente
obtidos sugerem graus de acerto
ou erro, mas, num mundo dinâmico, mesmo nessas situações basta uma
experiência negativa para destruir qualquer noção de garantia. Como
tudo é passageiro, a resposta dada ontem sob determinadas
circunstâncias será apenas um parâmetro para a resposta que daremos
amanhã, sob novas circunstâncias. Não existe certeza; existe
consequência. Para que

obtenhamos aprendizado, deve
existir sobrevivência dentro das
consequências. Crises são
consequências que acontecem
no limite da sobrevivência, que
se auto-alimentam. A lógica,
nesse ambiente, levada à sua
conclusão extrema, indica que
não adianta apenas estar certo,
precisamos estar certo em
qualquer cenário, o que se

apresenta como uma impossibilidade. A alternativa viável requer lançarmos mão de fatores limitantes no desenho de objetivos e restrições, adotarmos a suficiência, e aceitarmos a dúvida como um parâmetro essencial. Nosso modelo deve refletir o reconhecimento do fato de que sempre estará incompleto, tendo sido desenhado de tal maneira a se modificar continuamente. Contanto que haja sobrevivência e aprendizado, nenhuma crise representa uma perda completa. Daí a necessidade da abordagem de resiliência, com escolhas de nicho ecológico, onde se possa desenvolver maestria e conhecimento, e avaliações de graus de exposição, baseadas na estimativa de valor, incerteza e consequência. A resiliência permite revisão do modelo e da estratégia de forma vantajosa, aumentando sua capacidade de explicar e ajustar. Resiliência implica em robustez e redundância, permitindo que quando o ambiente explorar novas configurações, erros possam ser absorvidos e aprendidos, não só não comprometendo a sobrevivência como também possibilitando a descoberta de inovações. Se por um lado temos que sobreviver tempo suficiente para que as decisões corretas comecem a fazer sentido, por outro essa sobrevivência pode garantir o surgimento de algo novo, imprevisto, uma oportunidade advinda de um aparente erro ou de uma combinação inusitada.

Inovações aparecem devido a fracassos bem administrados, como consequência de se errar para frente, gerando retorno sobre o fracasso. Precisamos estar preparados para administrar fracassos, pois eles ocorrerão. Sob esse ponto de vista, o fracasso pode se tornar um investimento inicial que permitirá se alcançar posteriormente o sucesso desejado, gerando seu respectivo retorno; como no caso da exploração do caminho para as Índias. É o sacrifício de um recurso com a expectativa de obtenção de outro mais a frente, mais adequado, de melhor qualidade ou em maior quantidade. Na pior das hipóteses se elimina uma crença, nos permitindo rever as premissas do modelo. O inventor americano Thomas Edison costumava dizer que não havia fracassado, mas sim descoberto dez mil maneiras que não funcionavam. Dizem que experiência é o que ganhamos quando não conseguimos o que desejamos. O essencial, dentro do conceito de resiliência, é o de que os erros não sejam alejantes ou eliminatórios, permitindo nos beneficiarmos do conhecimento gerado pelo insucesso momentâneo. Essa abordagem foi muito bem resumido pelo filósofo alemão Friedrich Nietsche na famosa frase: "o que não me mata me faz mais forte".

Seguindo esse raciocínio, evolução financeira, portanto, demanda dois objetivos dependentes, mas que competem entre si: conservar e progredir. Isso nos remete às duas interpretações do verbo explorar discutidas em relação ao processo de aprendizado. Onde investir os recursos? Explorando o que conservadoramente já se sabe, mas ignorando a possibilidade de que exista algo melhor? Ou explorando na busca de novidade, no entanto deixando de aproveitar o que já se tem na mão? Explorar como a Coroa Espanhola ou como Colombo? Cometer erros de omissão ou de comissão?

Essa é também uma competição de abordagens entre gerações. Jovens não são orientados por metas, tem dificuldade em planejar ou em prestar atenção a um só evento. Eles se concentram na situação inesperada, na novidade. No caso descrito do vídeo do aparecimento do gorila em meio aos jogadores de basquete crianças facilmente identificariam o gorila e não teriam a menor ideia de quantos passes foram trocados. Já adultos focam, de forma pragmática, nos meios que são mais prováveis e úteis para alcançar seus objetivos. Adultos podem deixar passar ótimas oportunidades por não sentir a necessidade de explorar, sendo chamados de teimosos pelos jovens. No extremo podem ser considerados como sofrendo do 'complexo de Deus', assumindo que possuem o conhecimento absoluto, incapaz de ser melhorado. Já os jovens podem deixar de usufruir das chances existentes por continuar buscando novidades, sendo considerados volúveis e imaturos pelos adultos. Essa característica, levada ao limite, pode gerar a incapacitação para a ação devido à "analysis paralysis", onde o ciclo da análise do novo nunca termina. De certa maneira, podemos dizer que a exploração na busca de novidade, característica do jovem, tem um viés de longo prazo, onde o benefício virá no futuro, e possivelmente dentro do conceito de retorno sobre o fracasso. Do mesmo modo, a exploração do já adquirido, defendida pelo adulto, visa um retorno de curto prazo, tratando cada decisão como se fosse a última.

De certa maneira, sob outro ângulo, voltamos a discussão do sistema 1 e 2. Nesse caso, em termos práticos, também temos que buscar um equilíbrio entre essas duas perspectivas. É importante controlar o curto prazo, pois erros no curto prazo inviabilizam o longo prazo, assim como precisamos moldar o longo prazo, pois ele é uma composição de diversos curto prazos e em breve chegaremos lá. A importância de ambos, dentro do conceito de resiliência financeira, está implícita na necessidade de continuidade, finita ou infinita. Como em última instância, independente da meta que se imponha no curto prazo, o mínimo que se busca sempre é continuar no jogo financeiro, e, levando-se em conta que se deve fugir ao mesmo tempo da aleatoriedade completa e da perfeição inalcançável, o objetivo financeiro que se sobrepõe à eficiência é o de resiliência financeira. O ferramental financeiro, com seu método transparente de avaliação de valores e riscos permite que a escolha de exploração ao longo do tempo tenha um tratamento adequado, apesar de toda a complexidade envolvida. Isso é feito através de conceitos como descontos de fluxo de caixa e de planejamento orçamentário, expondo premissas e relacionamentos envolvidos de forma organizada e padronizada, auxiliando no entendimento e na comunicação, e, consequentemente, nos permitindo acessar a inteligência coletiva. Investimentos podem fracassar, mas a capacidade de se continuar investindo não.

Uma jornada financeira infinita a ser explorada

Estamos chegando ao final de nosso passeio por Finanças, mas uma pergunta fundamental ainda precisa ser respondida, pois traz implicações práticas relevantes: qual deveria ser nossa postura em relação ao jogo financeiro em si? Devemos encará-lo como um jogo finito ou como um jogo infinito?

O propósito de um jogo finito é o de se vencer ao fim do jogo, e a própria vitória é a indicação desse término. O propósito do jogo infinito é o de se continuar jogando, evitando sempre que se chegue ao fim. Jogos finitos, pela própria definição, tem uma data para acabar, regras pré-fixadas, e um número limitado de participantes, que jogam dentro dos limites, enquanto os de natureza infinita transcendem ao tempo e convidam sempre novos jogadores para participar, onde as regras podem e devem evoluir, com os participantes jogando com os próprios limites, garantindo a expansão do jogo. Os objetivos individuais se mesclam com o coletivo.

Assim como verificamos no caso do Dilema do Prisioneiro, o prazo limitado de um jogo finito gera desconfiança e conflito, estimulando a busca de poder que viria com a vitória, numa visão combativa e de controle. Já a perspectiva do jogo infinito estimula o balanço produtivo entre a competição e a colaboração num fluxo contínuo de trocas, onde a resposta à ação dos outros é a iniciação de sua própria ação, com fluidez e resiliência, aumentando a capacidade de se continuar jogando. Dentro desse contexto, o poder diz respeito à liberdade que as pessoas têm dentro de certos limites, ao contrário da resiliência que se define pela liberdade que as pessoas podem ter com os limites.

Muitas vezes encaramos o jogo financeiro como se ele fosse finito, já que nossa vida é finita, mas se analisarmos com profundidade veremos que em muitas situações ele se aproxima bem mais de um jogo infinito, já que não sabemos ao certo quando ele terminará, e essa incerteza inviabiliza qualquer vitória definitiva e a consequente decretação do final do jogo.

Dentro dessa visão o aprendizado financeiro faz com que um passado inacabado continue no futuro com expectativa de triunfo, num fluxo constante. Como discutido quando da apresentação do conceito de valor presente líquido, em Finanças o valor está sempre no futuro. Não devemos, portanto, inviabilizá-lo com a ilusão de uma vitória definitiva, na busca de uma perfeição inalcançável, arriscando numa aposta de tudo ou nada na perspectiva do final do jogo. Nem tão pouco devemos comprometer esse futuro com erros primários, originados por descuido ou ignorância facilmente evitável. Resiliência se sobrepõe à eficiência.

Parafraseando Simon, a ideia de metas finais é inconsistente com nossa habilidade limitada de previsão ou determinação de futuro. O que realmente podemos almejar é estabelecer as condições iniciais para o próximo estágio. O que chamamos de metas finais são de fato critérios para escolhermos as condições iniciais que deixaremos para as próximas etapas, para os nossos sucessores, ou para as gerações futuras.

Completando o nosso ciclo, que buscou explicitar os porquês que levam o modelo financeiro a se posicionar no centro da luta contra a complexidade, a limitação de recursos e a incerteza, voltamos ao ideal renascentista de harmonia, equilíbrio e simetria, que nos primórdios uniu Finanças e Arte. Voltamos à estaca zero. O zero trazido por Fibonacci junto com os algarismos, que em árabe se pronunciava 'sifr', significando espaço vazio, e que no latim medieval se tornou 'ciphra, dando origem ao conceito de cifra em português, associado à ideia de quantia monetária. Por sua origem muçulmana e seu aspecto místico ele também produziu o verbo decifrar.

Podemos dizer, portanto, que a disciplina financeira tenta decifrar essa complexa e misteriosa relação entre valor, incerteza e limitação, do zero ao infinito.

Numa perspectiva visual, nossa busca ideal de atingirmos um equilíbrio fugidio dentro do desequilíbrio constante, do ótimo, do robusto, do estável, do modular, do contínuo, do adaptável, do sólido, do simétrico e fluido ao mesmo tempo, da solução atemporal e evolucionariamente infinita, intrinsicamente resiliente, nos leva a representação esférica: um zero tridimensional.

Caso ela seja uma esfera sólida, um modelo financeiro internamente consistente, que sobreviva, que evolua e que avance, explorando as oportunidades, independentemente das forças atuantes, ela manterá o potencial de se alcançar a meta desde que guiada de forma autoimunológica e autocorretiva. No entanto, se for uma esfera vazia, sem robustez, sem flexibilidade, sem precisão nos contornos podemos ter um modelo de bolha, volúvel e delicado, com todo seu simbolismo de crise, pronto para estourar a qualquer momento.

Na mitologia grega Sísifo, o mais astuto dos mortais, como punição por ter trapaceado os deuses por diversas vezes, foi condenado a empurrar uma grande pedra de mármore até o cume de uma montanha. Porém, toda vez que a pedra chegasse ao topo ela rolaria montanha abaixo e todo o processo teria que recomeçar, eternamente. Como Sísifos modernos estamos condenados a enfrentar a constante decepção cíclica das crises e nesse processo só o que nos resta é melhorar nossos modelos financeiros eternamente.

Que esse livro, então, seja apenas um primeiro passo: convido vocês a colocar mais conteúdo financeiro em suas esferas, em seus modelos, continua e consistentemente!

Em suma

- ✓ Os limites da racionalidade nos impõem a suficiência, ao invés do ótimo.

- ✓ Temos que saber o que é suficiente para nós; a que ponto ficamos satisfeitos o bastante.

- ✓ A atenção deve estar focada nos nossos objetivos, sem distração.

- ✓ Disciplina e autocontrole, associados com metas e parâmetros são tão importantes quanto esforço intelectual.

- ✓ Filtremos as potenciais inconsistências sempre que possível, usando conceitos financeiros.

- ✓ Melhor ficarmos com julgamentos parciais ponderados e substanciados do que com pretensas certezas.

- ✓ Visão crítica é necessária. Sempre que possível utilize o processo de tese, antítese e síntese.

- ✓ Ao desenharmos o problema sejamos cuidadosos, pois indiretamente já estaremos desenhando a solução.

- ✓ Ao final do processo é necessário ficar claro quais são os objetivos, quais são as intenções dos envolvidos, quais são as limitações, quais são as premissas, quais são os critérios e métricas, quais são as alternativas, o que é passível de negociação, qual o risco que dá para assumir, levando-se em consideração as consequências, com quanto ficaríamos satisfeitos, e qual é o nosso modelo estratégico e o resultado esperado. Ficando tudo isso sujeito a revisão constante.

- ✓ Se o problema é nosso, a meta tem que ser nossa, o modelo tem que ser nosso, assim como o resultado: não nos deixemos iludir.

- ✓ Sejamos criativos e amplos, mas precisos, no desenho, e focados e eficientes na implantação.

- ✓ Acompanhar e checar sempre os elos mais fracos das premissas, ajustando-os.

- ✓ Resultados podem ser gerados pelo acaso: foco deve estar no processo, sem ilusão.

- ✓ Temos que conhecer o suficiente do idioma financeiro para pelo menos sabermos escolher e nos permitirmos o aprofundamento nas ferramentas apropriadas para nossas decisões particulares.

- ✓ Busquemos a confiança própria, assim como a dos outros, mas não a excessiva.

- ✓ Cometamos muitos erros na forma de aprendizado de maneira a evitá-los quando for para valer.

- ✓ Para se minimizar crises, busquemos menos alavancagem, menos complexidade, mais transparência, mais visibilidade, mais conhecimento de causa e resiliência. Uma boa e real vantagem competitiva também ajuda.

- ✓ Sejamos financeiramente resilientes: ao perdemos uma batalha financeira não podemos perder a guerra. Podemos perder um investimento, mas não a capacidade de continuar investindo.

- ✓ As estratégias são muitas, mas ao escolhê-las tenhamos sempre em mente a suficiência e a sobrevivência, assim como a capacidade de se aproveitar as oportunidades.

- ✓ Para escolhermos a estratégia financeira apropriada para o nosso modelo temos que avaliar o grau de incerteza e de maestria associada à oportunidade/situação.

- ✓ Em caso de muita incerteza, sem vantagem competitiva, diversifiquemos, de forma modular. Se existir algum diferencial competitivo exploremos as opções em aberto, de forma flexível e vantajosa.

- ✓ Em ambientes estáveis e previsíveis, caso exista maestria, devemos partir para exploração e defesa da oportunidade. Quando o conhecimento for público e padronizado o foco deve estar na eficiência.

- ✓ Soluções algorítmicas devem ser buscadas para problemas simples e repetitivos, onde políticas e procedimentos podem ser definidos.

- ✓ Explorar, no sentido de usufruir, quando o assunto está 'maduro' e temos 'controle do gargalo' no curto prazo.

- ✓ Explorar, no conceito de pesquisar, quanto o tema ainda está 'verde' e buscamos retorno sobre o fracasso no longo prazo.

- ✓ Modelos são aproximações necessárias, mas imprecisas e falíveis; temos que aprender com eles e evoluir.

- ✓ Metas 'finais', na realidade, são critérios para escolhermos as condições iniciais para a próxima etapa. Adotemos a perspectiva do jogo financeiro infinito.

- ✓ Sucesso!

'Créditos' e 'Débitos'

Onde e como tudo começou? As primeiras crises

SCHMANDT-BESSERAT, Denise, 1977, "The Earliest Precursor of Writing", Scientific American, vol. 238, nº 6, June

HARARI, Yuval N., 2015, "Sapiens: Uma Breve História da Humanidade", L&PM

MUNRO, John H., 2003, "The Medieval Origins of the Financial Revolution: Usury, Rents, and Negotiability", The International History Review, XXV, September

NOWAK, Martin A. e Karl SIGMUND, 2000, "Cooperation versus Competition", Financial Analysts Journal, July/August

NOWAK, Martin A. e Karl SIGMUND, 2007, "How Population Cohere: Rules for Cooperation". Em May R. Editor. Theoretical Ecology: Principles and Applications (Third Edition), Oxford University Press

RIDLEY, Matt, 2014, "O Otimista Racional", Editora Record

GOETZMANN, William N., 2016, "Money Changes Everything: How Finance Made Civilization Possible", Princeton University Press

Quem está no comando? A crise é sua

GOETZMANN, William N., 2004, "Fibonacci and the Financial Revolution", NBER working paper nº 10325

PARKS, Tim, 2008, "O Banco Medici", Editora Record

WEIS, William e David TINIUS, 1991, "Luca Pacioli: Accounting Renaissance Man", Management Accounting, July

HORNGREEN, Charles T., 2003, "Contabilidade Gerencial", Editora Prendice Hall, 12ª edição

SATAVA, David, 2007, "Columbus's First Voyage: Profit or Loss from a Historical Account's Perspective", The Journal of Applied Business Research, vol. 23, º 4

TOOBY, John e Leda COSMIDES, 1996, "Friendship and the Banker's Paradox: Other Pathways to the Evolution of Adaptations for Altruism", Proceeding of the British Academy, nº 88

GITMAN, Lawrence J., 2010, "Princípios de Administração Financeira", Editora Pearson, 12º edição

WELSCH, G.A., 1983, "Orçamento Empresarial", Editora Atlas, 4ª edição

JENSEN, Michael e William MECKLING, 1976, "Theory of the Firm: Managerial Behavior, Agency Cost and Ownership Structure", Journal of Financial Economics, vol. 3 , nº 4

LEESON, Peter T., 2007, "An-arrgh-chy: the Law and Economics of Pirate Organization", 2007, Journal of Political Economy, vol. 115, nº 6

Qual é o valor no tempo? A crise é agora

SOLL, Jacob, 2014, "The Reckoning: Financial Accountability and the Rise and Fall of Nations", Basic Books

GLEESON, Janet, 1999, "Millionaire: the Philanderer, Gambler, and Duelist who Invented Modern Finance", Simon & Schuster

KEYNES, John M., 1946, "Newton, the Man", www-history.mcs.st-andrews.ac.uk /Extras/Keynes_Newton.html

LEVENSON, Thomas, 2009, "Newton and the Counterfeiter: the Unknown Detective Career of the World's Greatest Scientist", Houghton Mifflin Harcourt

MURPHY, Antoin, 1986, "Richard Cantillon: Entrepreneur and Economist", Oxford University Press

CANTILLON, Richard, 1959, "Essay on the Nature of Commerce in General", Macmillan & Co.

HAYEK, Friedrich, 1931, "Richard Cantillon", re-impresso no "Journal of Libertarian Studies, vol. VII, nº 2, Fall 1985"

FERGUSON, Nial, 1999, "The House of Rothschild – Money's Prophets 1798-1848", Penguin Books

FERGUSON, Nial, 2009, "A Ascensão do Dinheiro – a História Financeira do Mundo", Editora Planeta

DIMAND, Robert, e John GEANAKOPLOS, 2005, "Celebrating Irving Fisher: the Legacy of a Great Economist", The American Journal of Economics and Sociology, January

THALER, Richard, 1997, "Irving Fisher: Modern Behavioral Economist", AEA Papers and Proceedings, May

HARFORD, T., 2014, "How to see the future", Financial Times

FISHER, Irving, 1933, "The Debt-Deflation Theory of the Great Depressions", Econometrica

SAMANEZ, Carlos Patrício, 2007, "Matemática Financeira – Aplicações à Análise de Investimentos", Prentice Hall

Qual é o risco? O impacto da crise

MARKOWITZ, H.M., 1952, "Portfolio Selection", The Journal of Finance, March

SHARPE, William F., 1964, "Capital Asset Prices - A Theory of Market Equilibrium under Conditions of Risk", Journal of Finance, XIX

SNYDER, Bill, 2007, "Nobel Laureate Sharpe on Retirement Economics", Stanford Business Magazine, November

BREALEY, Richard, Stewart MYERS, e F. Allen, 2008, "Princípios de Finanças Corporativas", McGraw-Hill

MEHRLING, Perry, 2005, "Fischer Black and the Revolutionary Idea of Finance", John Willey & Sons

BLACK, Fischer e Myron SCHOLES, 1973, "The Pricing of Options and Corporate Liabilities", Journal of Political Economy, vol. 81

BOOKSTABER, Richard M., 1986, "Option Pricing and Strategies in Investing", Addison-Wesley Publishing Company

BARROS BARRETO, Luiz A. C., Tara K. N. BAIDYA e Carlos P. SAMANÉZ, 1986, "Uso da Teoria de Opções na Análise de Investimentos em Situações de Incerteza", VI ENEGEP.

BARROS BARRETO, Luiz A. C., e Tara K. N. BAIDYA, 1987, "Teste Empírico do Modelo de Black e Scholes na Avaliação de Opções de Vale do Rio Doce", Revista do Mercado de Capitais, IBMEC, vol. 13, nº 39

LOWENSTEIN, Roger, 2009, "Quando os Gênios Falham: a Ascensão e a Queda da Long-Term Capital Management", Editora Gente

BERNSTEIN, Peter L., 1992, "Capital Ideas: the Improbable Origins of Modern Wall Street", The Free Press

BERNSTEIN, Peter L., 1997, "Desafio aos Deuses: a Fascinante História do Risco", Campus-Elsevir

BERNSTEIN, Peter L., 2009, "The Heart of Risk", McKinsey: What Matters, February

THORP, Edward O., 2017, "A Man for all Markets", Penguin Random House

POUNDSTONE, William, 2005, "Fortune's Formula: the Untold Story of the Scientific Betting System that Beat the Casinos and Wall Street", Hill and Hang

MCLEAN, Leonard, Edward THORP, e Willian ZIEMBA, 2010, "Good and Bad Properties of Kelly Criterion, http://edwardothorp.com/sitebuildercontent/sitebuilderfiles/Good_Bad_Paper.pdf

HAGHANI, Victor, e Richard DEWEY, 2016, "Rational Decision-Making Under Uncertainty: Observed Betting Patterns on a Biased Coin", https//papers.ssrn.com/sol3/papers.crf?abstract_id=2856963

Qual é sua percepção de valor? As crises existenciais

KAHNEMAN, Daniel, 2002, "Maps of Bounded Rationality: a Perspective on Intuitive Judgment and Choice", Nobel Prize Lecture, http://nobelprize.org/nobel_prizes/economics/laureates/2002/kahnemann-lecture.html

KAHNEMAN, Daniel, e Mark W. RIEPE, 1998, "Aspects of Investor Psychology: Beliefs, Preferences, and Biases Investment Advisors Should Know About", Journal of Portfolio Management, vol. 24, nº 4

KAHNEMAN, Daniel, 2012, "Rápido e Devagar: Duas Formas de Pensar", Objetiva

SHERMER, Michael, 2008, "O Outro Lado da Moeda", Campus-Elsevier

COSMIDES, Leda, e John TOOBY, 1994, "Better than Rational: Evolutionary Psychology and the Invisible Hand", The American Economic Review, vol. 84, nº2, May

SANTOS, Laurie, e M. Keith CHEN, 2009, "The Evolution of Rational and Irrational Economic Behavior: Evidence and Insight from Non-human Primate Species", em "Neuroeconomics: Decision Making and the Brain", Elsevier

LOEWENSTEIN, George, Elke WEBER, Christopher HSEE e Ned WELCH, 2001, "Risk as Feelings", Psychological Bulletin, vol. 127, nº 2

LABSON, David, 2005, "Impatience and Savings", NBER Report: Research Summary, Fall

ZAK, Paul J., 2008, "The Neurobiology of Trust", Scientific American, June

GRIMES, Ken, 2003, "To Trust is Human", New Scientist, vol. 178, issue 2394, May

DE DREU, Carstein K. W., Lindred L. GREER, Gerben A. VAN KLEEF, Shaul SHALVI e Michael J.J.HANDGRAAF, 2010, "Oxytocin Promotes Human Ethnocentrism", PNAS, December

COHEN, Jonathan D., 2005, "The Vulcanization of the Human Brain: a Neural Perspective on Interactions between Cognition and Emotion", Journal of Economic Perspectives, vol. 19, nº 4

SANFEY, Alan G., George LOEWESTEIN, Samuel MCCLURE e Jonathan COHEN, 2006, "Neuroeconomics: Cross-Currents in Research on Decision-Making", Trends in Cognitive Sciences, vol. 10, nº 3, March

O que podemos fazer? Conhecimento sem crise

AUGIER, Mie e James G. MARCH editors, 2004, "Models of a Man: Essays in Memory of Herbert A. Simon", The MIT Press

SIMON, Herbert, 1996, "The Sciences of the Artificial", The MIT Press

SIMON, Herbert, 1990, "Invariants of Human Behavior", Annual Reviews of Psychology, volume 41

SIMON, Herbert, 1983, "Reason in Human Affairs", Stanford University Press

BERKES, Fikret, 2007, "Understanding Uncertainty and Reducing Vulnerability: Lessons from Resilience Thinking", Nat Hazards

LEVIN, Simon A., e Jane LUBCHENCO, 2008, "Resilience, Robustness, and Marine Ecosystem-based Management", BioScience vol. 58, nº 1, January

MAY, Robert M., Simon A. LEVIN e George SUGIHARA, 2008, "Ecology for Bankers", Nature, vol. 451, February

MARKS, Howard, 2011, "The Most Important Thing: Uncommon Sense for the Thoughtful Investor", Columbia University Press

CARSE, James, 2003, "Jogos Finitos e Infinitos: a Vida como Jogo e Possibilidade", Nova Era

Informações sobre o autor:

LUIZ ANTONIO CAMPOS DE BARROS BARRETO possui mais de três décadas de vivência profissional em Finanças, adquirida no Brasil e nos Estados Unidos.

Obteve essa experiência multinacional assumindo responsabilidades crescentes em diversas funções financeiras, incluindo quatorze anos como Diretor Financeiro de duas das maiores editoras brasileiras.

É formado em Engenharia Mecânica pela PUC-RJ, tendo Mestrado em Engenharia Industrial/Finanças pela própria PUC-RJ e MBA pela Universidade de Dallas, Texas, sendo também um 'Gerente de Tesouraria' certificado pela "Association for Financial Professionals" dos Estados Unidos.

Contato: lacbarrosbarreto@gmail.com

www.ingramcontent.com/pod-product-compliance
Lightning Source LLC
Chambersburg PA
CBHW020856180526
45163CB00007B/2528